超実践
不動産投資のプロ技

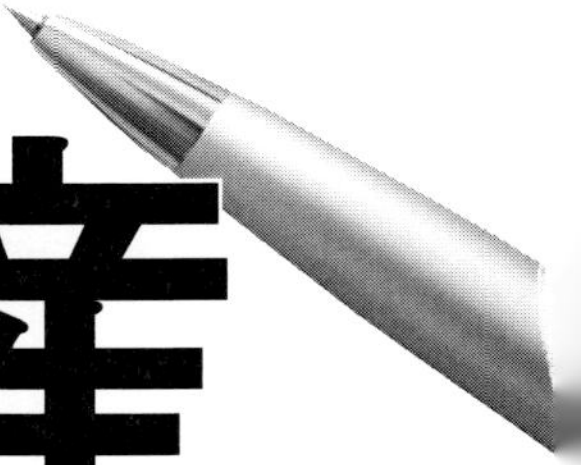

現役不動産営業マン・現役大家　関田タカシ

彩図社

はじめに

不動産業界に関する私の経歴は、大手不動産売買仲介業者、マンション管理業者、学生寮運営業者、一棟売買仲介、一棟買取業者と渡り歩き、合計して約14年となります。

リーマンショックの少し前にこの業界に入ったことで、大幅な凋落から、スルガ銀行ショック、TATERUショックまでの隆盛の両方を目撃してきました。

ありがちなきっかけかもしれませんが、今でも「投資」と名のつく題材において名前の挙がるベストセラー『金持ち父さん　貧乏父さん』（ロバート・キヨサキ／筑摩書房）に学生時代に没頭し、「不動産投資をやる！」と心に決めて、自分自身のジョブローテーションを図ってきました。

多くの人の不動産投資に明に暗に携わりながら、2013年からは自分でもアパートの取得をスタートし、不動産投資のプレーヤー側にも回りました。不動産の仲介・管理・仕入・販売・投資と、一通りを巡りながら、社会人としての人生のほとんどを使って「不動産投資の正解」を模索してきたつもりです。

現在では延べで6棟・48戸（うち3棟20戸売却済）まで着実に拡大し、『週刊ダイヤモンド』の「勝ち組メガ大家　覆面座談会」の末席にもお呼ばれする機会をいただくようになりました。詳しい数字等については２７４ページに記してあります。

業界50年！　といった不動産業者さんや、１００億超えの資産を持つ不動産投資家など、海千山千の猛者《もさ》たちが跋扈《ばっこ》している不動産投資界隈《かいわい》においては、序の口レベルではありますが、自ら「買って」「持って」「売って」を本業でも自分の不動産投資でも日々取り組んでいるプロとして、培ってきた知識と経験を、この書籍に全部込めました。

本書は次の７つの章からなっています。

・第1章　プロ投資家は出口戦略を重視する

プロの投資家は「売れないものは買わない」という原則に従って物件の選別をしています。出口戦略を重視した考え方の基本について記しました。

・第2章　信頼できる不動産業者の見つけ方

信頼できる不動産業者を見つけることができるとその後の投資がスムーズになります。信頼できる業者や担当者の見つけ方、そしてどうすれば良い物件を紹介してもらえるかについて解説しました。

・第3章　プロの「優良物件情報」選別法
山のようにある物件情報の中からどうすれば優良物件を選別することができるのか。プロのテクニックを記しました。

・第4章　プロが見た物件種別メリット・デメリット
「戸建てかマンションか」「一棟モノか区分か」「新築か中古か」「郊外物件か都心物件か」など投資物件のメリット・デメリットを解説しました。

・第5章　値切り交渉や融資時に気を付けること
物件購入を決めた後に行う値切り交渉や金融機関の融資にあたってのポイントを解説しました。

・第6章　収益を上げるための物件運用術
物件を実際に保有してからどのようにすればより収益性が上がる物件になるのか、空室対策や修繕はどうすればいいのかなどについて記しました。

・第7章　プロが教える損切り・売却テクニック
収益性の悪い物件の改善方法、売却時のテクニック、今後の不動産投資環境などについて記しています。

凄腕の不動産投資家にとっては既知《きち》の内容もあるでしょうが、不動産投資に関心のある一般の人たちにとっては価値のあるものになったと自負しています。プロと同じコンパスを活用することで、不動産業者にやり込まれずに、正解への道のりを歩んでいく一助となれば幸いです。

超実践　不動産投資のプロ技　目次

第3章　プロの「優良物件情報」選別法

第6章　収益を上げるための物件運用術

第7章　プロが教える損切り・売却テクニック

第1章

プロ投資家は出口戦略を重視する

1・プロは「買う前に売ることを考える」

不動産投資の目的は2つ。「家賃収入を得ること」と「売却時の利益を得ること」です。前者は「人に貸して賃料を得る」、毎月の定期的な収入「インカムゲイン」を目指す投資。後者は、「安く買って高く売る」、売買の差益「キャピタルゲイン」を狙うものです。

不動産という投資商品に資金を投下して、毎月入金される家賃か、将来的に売却した際の利益、あるいはその両方で投下した以上のお金を得ることを目的とした投資といえます。

巷にあふれる個人向けの不動産投資は、毎月の家賃収入が得られるインカムゲインばかりが注目されています。確かに投資用不動産を購入したときから、多い少ないはあれども、家賃収入が入ってきます。

その反面、空室や滞納、自然災害や借入金利の上昇など、不動産投資には「保有するリスク」が付いて回ります。投入した自己資金や切り崩した信用は、日々それらのリスクに晒《さら》され続けている状態です。特に建物は歳を重ねるごとに古くなっていきます。それに伴い、「物理的な老朽化」と「資産価値の減少」、加えて「賃料の下落」も考えられます。

そのため買って持ち続ける（売らない）不動産投資も1つの方法ではありますが、本当に売るかどうかは別として「買う前に売ることを考える」出口戦略は必須であると私は考えています。

私の本業でもある「不動産業者」の戦略はとてもシンプルです。たとえば、年間１０００万円の家賃収入が入る物件があったとすると次のように考えます。

「この物件なら利回り７％（約１・４億円）で売れるだろう。利回り９％（約１・１億円）くらいで仕入れができれば売買差益が見込める」

大まかにはこのような形です。

「○○円で売れる」⇒「それならば□□円で買おう」

不動産に限ったことではありませんが、「安く買って高く売る」「高く買ってもっと高く売る」というシンプルなキャピタルゲイン狙いです。

売却（販売）できる価格の想定があって、はじめて仕入（購入）に動きます。ただし、これはあくまで、短期で利益を上げないとならない「不動産業者」としての視点です。

「プロの不動産投資家」の考え方は、ここに家賃収入の累計、融資の返済の進みという時間的な概念が加わってきます。一般的な不動産投資家が、不動産業者と大きく異なるのは「いつまでに売らないといけない」というリミットに明確なものがない点です。

不動産業者は短期間（単月・半年・1年間等）での利益を求められます。転売目的で物件を取得する場合、融資を組むにしてもほとんどの場合が、1年間などの短期での借入です。短い返済期間の中で、バリューアップなどを行い、期日内の売り切りを目指します。

それに対して、個人（資産管理法人含む）がアパート・マンションオーナーとして組むローンは、大体が中長期（15〜30年超）です。そのため、月々の返済金額も抑制され、キャピタルゲインだけではなく、不動産から毎月発生する賃料収入（インカムゲイン）にもウエイトを置くことができるようになります。

キャピタルゲイン

＋

インカムゲインの累計

この合計で戦うことができる点が、業者サイドではなく、投資家サイドでも勝つことができる理由です。

もちろん、物件購入時よりも出口の売却時点で高く売れるのが理想ですが、購入時とトントンでの売却や、購入時より少し価格が下がったぐらいでの売却であれば、保有期間によって、積み上がるキャッシュフローでプラスに持っていくことができます。

しかしながら、裏を返せば、毎月10万円のお金を生み出す物件があったとしても、仮に5年後、10年後に売却する際に大幅な値引きして売らなければならないのであれば、累計のキャッシュフローなど一瞬で消えてしまいます。

では、さらに長く30～40年と持てばいいか、というと投資対象である不動産のうち「建物」は時間の経過に伴って「物理的な老朽化」と「資産価値の減少」が付いて回ります。

売却しようとした数十年後に、売買マーケットの相場が変わっていなかったとしたら、売却価格は下がるのがセオリーです。また、購入時に融資を利用する金額が大きすぎると、数十年後でも、まだ残債務（残りのローン）のほうが、売却（できるであろう）金額よりも多く、そもそも売却自体ができないかもしれません。

こういった複数の要素が絡んでくるため、新築時の賃料で満室稼働が永続的に続くようなベストシナリオだけではなく、ワーストシナリオについても、思考を巡らせておく必要があるわけです。

買う前に「いつ出るか、いつ出られるか？」

ここを想像することで、危険な不動産投資に対する回避率が大幅にアップすることは間違いありません。

2・うまくいく不動産投資と失敗する不動産投資の違い

うまくいく不動産投資は「毎月が黒字」、そして「売って儲かる」投資です。それに対して失敗する不動産投資は「毎月の恒常的な赤字」と「大きすぎる売却損」が原因です。

これらに起因する最大の要素は「安く買えているか」。この「取得価格」が8割を占めているといっても過言ではありません。

これは「500万円なら安い」「3億円だと高い」といった価格帯のことではありません。

物件の持つポテンシャル＞取得価格⇒OK
物件の持つポテンシャル＜取得価格⇒NG

言ってしまえばこれだけです。

もちろん、物件の取得価格以外にも、融資の組み方（ローンコスト）や、購入後の運営方法、リノベーションのテクニックなどはありますが、我々が投資する対象はあくまで「不動産」、土地・建物そのものですから、この見極めが適正にできているかどうかが成否を決める一番の違いです。そこで必要になってくるのが出口戦略を見据えた投資になります。

出口戦略というのは「買う」「持つ」「売る」の想定を「売る」の時点から考える手法です。「○○円で売れる」⇒「それならば□□円で買おう」における、「○○円で売れる」というアタリを付ける作業です。

この「販売できるだろうという金額」をプロの不動産業者たちは、「この物件・エリア・築年数なら、○○銀行で○％の金利、期間○○年で融資が組める。賃料収入から運営費と返済を差し引いても、これだけ手元に残るなら、投資商品として成立する」といった逆算から見込んでいきます。

もう1つ、簡単な見立て方としては、近隣エリアで構造や間取りタイプが同じような収益不動産が「いくらで、そして何％の表面利回りで販売されているか」というマーケットからのバランス感から売却可能な価格帯をイメージしていきます。

即時転売しか考えない不動産業者の場合は、これが仕入値に直結します。ただ、不動産投資家サイドとしては、前述したようにここにキャッシュフローの積立が加わってきます。

年間の賃料収入が６００万円の都心から少し外れたエリアにある築浅の木造アパートを想定してみましょう。

①いくらぐらいで売れるか?

年間賃料600万円として、今のマーケットなら8500万円（利回り7・0%）で売れる
5年後なら、利回り8%前後だろうか
　賃料が3%下落していたとして、年間582万円
⇓8%で割り戻すと約7270万円
15年後でも、利回り9%くらいで売れるか
　賃料が10%下落していたとして、年間540万円
⇓9%で割り戻すと約6000万円
40年後、更地にした場合はいくらで売れるか
　土地の実勢価格から坪単価110万円、土地の大きさが45坪だとして
⇓4950万円くらいでの土地売りができるかもしれない

②保有期間中にどれくらいのキャッシュフローを生み出すか?

運営のシミュレーションから、毎年のキャッシュフロー、保有期間の累計キャッシュフローを

算出します。今回の場合、運営費や融資の返済を考慮し、年間２００万円のキャッシュフローが出るとします。

⇓5年間：２００万円×5年＝１０００万円
⇓15年間：２００万円×15年＝３０００万円
（※キャッシュフローを計算する際にも、本来は賃料の下落や修繕費等の管理コストの上昇を考慮します。ここでは簡単化のため、固定しています）

③全体の仕上がりを考えて、購入（仕入）価格を想定する

先程の売却予想金額とのバランスを考えます。

5年後に売却した場合
７２７０万円（売却価格）＋１０００万円（累計キャッシュフロー）＝８２７０万円
15年後に売却した場合
６０００万円（売却価格）＋３０００万円（累計キャッシュフロー）＝９０００万円

こういったシミュレーションによって仮に取得価格が8500万円なら、「最低7～8年持てば売ってプラスにはなりそうだ」「最悪でも20年近く保有すれば土地で売り抜けても損はしなそうだ」という計算ができます。

取得費がやや高くなっても、保有期間を長くしてから売却する（出口をとる）形だと投資として成立しますし、物件を安く購入することができたら、1～2年で、場合によってはすぐに売ってしまっても利益が出るケースもあるでしょう。

出口戦略の基本となるのは「この物件を自分が顧客（不動産投資家）として、5年後、10年後、20年後に買う場合、いくらなら購入するか、そもそも検討の土台に乗るか」ということを考えることです。

もちろん、将来の金融機関の融資情勢は分かりませんし、そのエリアでの賃貸需要も変化しているかもしれません。シミュレーションを行う際には、購入金額とローンを使う金額（と自己資金）がブランクでは計算できないので、ある程度たたき台となる数字（販売図面に記載されている金額そのものや、少し下の金額等）を入れる必要があります。なお、ここでは考え方の手順に焦点を当てたため、本来必要な購入時・販売時の仲介手数料や登記費用などの諸費用などは簡単化のために無視しています。具体的な内容は第3章で解説します。

３・自己資金や年収に適した投資プランとは？

少し前まで、一棟収益不動産を扱う業界では「やる気と最低限の年収があれば、あとは書類をイジって簡単にフルローン」というものが横行していましたが、「かぼちゃの馬車　スルガスキームの破綻」というニュースが流れて以降、その手法も限られ、現金がないと勝負できない時代になりつつあります。

次の一覧は、投資対象となる不動産と最低限必要な自己資金・年収の簡単な目安です。実際に投資に臨む前にどのようなものが自分に合っているのかを考えておきましょう。

①自己資金３００万円前後から／現金購入想定なので、年収・保有資産は問わず
・中古戸建の再生：郊外・地方
物件価格帯イメージ：１００～５００万円　古びた戸建て
・中古区分マンション：郊外・地方
物件価格帯イメージ：１００～５００万円　少し外れたエリアの区分

②自己資金５００万円前後から／年収７００万円前後から
・中古区分マンション：都心部
物件価格帯イメージ：１０００～２０００万円　立地良好な中古区分

・一棟アパート：地方・郊外
物件価格帯イメージ：１５００～８０００万円　２階建ての木造アパート等

③自己資金１０００万円前後から／年収１０００万円前後から（本人属性・保有資産による）
・一棟アパート：都心部
物件価格帯イメージ：５０００万円～１億５０００万円

④自己資金１５００万円前後から／年収１０００万円前後から（本人属性・保有資産による）
・一棟マンション：地方・郊外
物件価格帯イメージ：８０００万円～５億円　土地・建物が大きい

⑤自己資金３０００万円前後から／年収１５００万円前後から（本人属性・保有資産による）

・一棟マンション：都心部

物件価格帯イメージ：１～５億円　土地は小さく・建物の階層がある

投資規模が小さいもの（戸建再生や区分ワンルーム）については、現金購入や、リフォーム代等一部のみ融資を利用する形であれば、３００万円前後の自己資金から始めることも可能です。不動産投資ポータルサイト「楽待」の実践大家コラム（https://www.rakumachi.jp/news/practical）等でも、激安戸建から安定収入を積み上げる方、収益戸建として売却益を取りながら拡大される方などの成功事例も散見されます。

中古区分マンションでも都心部においては、価格帯が１０００万円台を超えてくるため、融資を組み合わせる人が増えてきます。

本業の勤務先や勤続年数、年収などの要件によって、ローンの利用ができるかどうか、自己資金が必要な度合いなどが変わってきます。

一例ですが、一部上場企業に数年勤務していて、「自己資金は１００万円未満、年収６００万円で１５００万円の区分マンション購入」などは現実的なところです。

本書を執筆している現在（2018年11月）においては、東京エリアの価格は高止まり（低い表面利回り）しており、都心部の一棟アパート・一棟マンションを狙う際には、借入れの割合が高すぎると、投資として成立しづらくなっています。そのため、ある程度まとまった自己資金の投入が必要となる傾向です。

また、地方の一棟アパート・一棟マンション等、規模が大きく物件の評価が出て利回りが追いつく物件であれば、フルローン・オーバーローンの組み立てでも、数字の面《つら》としては成立します。

以前のスルガ銀行スキームのような、本人属性がある程度満たされていれば書類をイジって簡単にオーバーローンという時代は終焉を迎えていますが、「積算評価が出て、築年数も新しい物件」という一般的な金融機関が大好きな案件（築10年のRC造など）については、自己資金の持ち出しが少なくても取り組めている方もいます。

・購入対象となる不動産の担保力
・本業の年収、勤務先等の金融機関からみた属性
・保有する現金や自宅や親の不動産等の資産

これらの要件によって、自己資金の捻出は「ほとんどナシ」でスタートできてしまうケースも

あります。

ただし、それは金融機関に対して、「資産を持っていますが使わないだけです。銀行はとりっぱぐれがありませんよ」とアピールするものであり、「ないものをあると言い張る」には、それに伴うリスクが生じます。

「自己資金不要」という売り文句に対して、本当に人間は弱いものです。たとえ、自己資金が１０００万円あったとしても、「使わなくてもいいですよー」と言われると、多くの人はそちらになびいてしまいます。

確かに、借入れによるレバレッジ効果（てこの原理：自分の持つ自己資金以上の投資）が期待できるのは、不動産投資の優位性の１つです。

しかしながら、「フルローンが出た！　自己資金を使わずに購入できた！」となったとしても、それが必ずしも「良い投資」とは言えないのが実情です。「たくさん借りればたくさん返す必要がある」というのは当たり前の話です。

夢を壊すわけではありませんが、不動産投資は本来、お金のある人がやるべき投資です。自己資金を抑制して臨む際には、その分リスクを取る覚悟が必要です。

突発的な修繕や退去もありえることから、あまりにカツカツの状態で不動産投資に臨むのは無謀です。区分マンションから始めるとしても２００～３００万円以上、一棟アパート・一棟マンション等、先を目指すのであれば、その10倍ほど余力があると理想的です。

自己資金を入れてリスクを抑制するのか、リスクを取って自己資金を抑制して勝ち上がっていくのか。このバランスの帳尻合わせも、選択するのはあなた次第です。

第2章

信頼できる不動産業者の見つけ方

1・良い業者を見つければ不動産投資はうまくいく

不動産投資の流れは大別すると「買う」「持つ（運営）」「売る」の3段階です。書籍やインターネットなどで知識を身につけ、自身の投資の目標を設定し、投資物件の目星をつけるようになったら次のような流れになることが多いと思います。

【買う】

①セミナーや個別面談に登録・参加

⇓直接話を聞いて、書籍・ネットで得た知識と、最新状況を擦り合わせます。

②個別相談

⇓自分のステージを知り、使えそうな融資、展開方法を把握します。

いくつかの不動産業者・営業担当者の個別相談（面談）にチャレンジしましょう。「あの人の方が詳しそうだったな」「あの人は何も知らなかった」など、不動産業者以上に、担当者によって当たり外れが大きいので要注意です。

③信頼できそうな担当者を絞り込む
⇓自分のライフプランを任せられそうな、本当に信頼できる人を見つける。ここで当たりを引くと、大きくスピードアップできます。本当に信頼できる人、かつスキルのある担当者を見つけることができれば、あとは「その人が持ってくるハズレのない案件に乗るだけ」とも言えるからです。

④並行してＷｅｂサイトなども活用し、自分が買えそうな物件に焦点を当てて情報収集

⑤見つけた物件、勧められた物件を検討する
⇓現地の確認、本当に賃貸物件としての稼働に問題がないか、さまざまな面から確認します。この物件選定、シミュレーションについては、③の人がどんなに良さそうな人に見えても、決して人任せにせず、本書を参考に自分が納得できるまで踏み込んでください。

⑥購入の申し込み・融資の打診をする
⇓どのくらいまで金額の交渉ができるのか、どの金融機関がどういった条件で融資をしてくれ

るのか、③で捕まえた担当者の手腕によっても変わってきます。

⑦売買契約締結・決済・引渡し
⇓融資の見通しが得られ次第、あとは契約・決済・引渡しとスムーズに進んでいきます。

【持つ】

⑧保有・運営・管理の開始
⇓所有権が移り、いよいよ「不動産オーナー」となります。あとは如何に稼働状況を改善し、賃料のキープ・上昇といった、収益の最大化を図ることができるか、という「管理」に重点が移ります。これも、③の不動産業者が「売り切って終わり」ではなく、音頭を取ってくれると楽です。

⑩以降の「売る」の段階までどれだけ期間を取るかは、物件によって判断の異なるところです。

⑨リーシング・リノベーション等の実施
⇓退去などにより、空室が発生したら、その部屋に修繕・リノベーションを施し、より高く・早く貸せるように条件を設定していきます。これは保有期間中随時です。また、一棟物件であれば全体の大規模な修繕工事についてもタイミングによって必要になってきます。

【売る】

⑩売却査定・売却活動依頼・販売活動

⇓相場よりも安く売る場合は別ですが、不動産が「いつ売れるか」というのは確約できないものです。ただ、良好な運営ができていれば、賃料収入はあるため「売れたらラッキー、売れなくてもＯＫ」という気楽な売却活動のスタンスを取ることができます（具体的な売却の手順は後述の「第７章」を参照ください）。

⑪売却・引き渡し

⇓無事に、購入希望者が現れて、条件が折り合えば売買契約の締結を行い、その後１～２ヶ月で決済完了。これにて、「１案件」について、トータルでの収支が確定されます。

全体の流れとしては、勉強から入って、投資の目標を設定して、「人」を見つけて、「物件」と「金融機関（融資）」を組み合わせ、「保有・運営」で一段落、タイミングを見て「売却」し、ようやく「その１案件についてゴール」となります。

この中で私が最も重要だと思っている部分が「③信頼できそうな担当者を絞り込む」です。こここさえクリアできてしまうと、それ以降の項目、物件を探す・選ぶという作業から、運営業務、売却のタイミングまで、ほとんどが自動化できてしまうこともあります。

もちろん、お互いにビジネスですから、相手にも利益があって初めて成立する関係です。本章では不動産投資の成否を大きく左右する業者の見極め、担当者の見極めについて解説します。

２・不動産業界全体のマップを頭の中に作る

不動産投資において「付き合う不動産業者が、業界内のどういうポジションにいるのか」ここの把握は重要です。

そのポジションを把握するにはまず業界全体のマップを頭の中に作りましょう。この項目で身に付けるべきは大分類です。地図で言うならば「六本木が港区にある」ではなく、「東京はアジアにある」というレベルで構いません。ざっくりと世界地図の業界マップ版を身に付けてしまいましょう。

特に日頃「不動産」と絡みのない門外漢の方の中には、売買仲介業者と賃貸業者とがごっちゃになるどころか、デベロッパー事業者や建築・土木業者までが全部「不動産業」と思われている方も少なくありません。

「不動産」という括りだけだと、「飲食」という括りと同じくらいのアバウトさです。パスタが食べたければイタリアンに、お寿司が食べたければお寿司屋さんに行くのが本来ですが、他業界のことは意外なほど分からないものです。「寿司が食べたいから海に来た」レベルの勘違いが少なくありません。○○不動産という大手デベロッパーはたくさんありますし、□□建設という不動産業者もあるので確かに名前だけでは判別できないのですが。
さて、不動産関連の業態は、大分類としては「開発」「売買」「賃貸」「管理」の４つに分類されます。まず、ここから認識しておきましょう。

①開発

マンションの分譲業者や、その他パワービルダーと呼ばれる戸建の建売業者さん等々。要は施主《せしゅ》として、建てる音頭を取るところ。建築の施工そのものは「建設業」というそもそも別の業界です。

【大手デベ】
・三井不動産レジデンシャル株式会社（パークコート　他）
・住友不動産株式会社（シティタワー　他）
・野村不動産株式会社（プラウド　他）
・株式会社大京（ライオンズマンション　他）

【パワービルダー】

・飯田グループホールディングス（一建設・飯田産業・東栄住宅　他）

②売買

不動産を仕入れて販売する転売事業者や売買の仲介業者。

【売買】

・株式会社オープンハウス・ディベロップメント
・サンフロンティア不動産株式会社
・株式会社ムゲンエステート
・トーセイ株式会社
・株式会社エー・ディー・ワークス　他

【売買仲介】

・三井のリハウス（三井不動産リアルティ株式会社）
・東急リバブル株式会社
・住友不動産販売株式会社　他

③賃貸

不動産の貸付をするオーナーのポジションや賃貸の客付けをする業者。

【貸主】

・森トラスト株式会社
・三菱地所株式会社

【リーシング】

・株式会社エイブル
・ＡＰＡＭＡＮ株式会社
・その他、駅前にある賃貸業者

④管理

分譲マンションの管理業者や賃貸物件の収納代行・督促業務等。

【分譲マンション管理】

・日本ハウズイング株式会社
・株式会社東急コミュニティー
・株式会社レーベンコミュニティ

【収納代行】

・駅前にある賃貸管理業者

企業名は、パッと思いついたところを挙げてみました。

この４つの分野の中で、１つに特化したところもあれば、開発と賃貸運営（投資事業）や、売買と賃貸の両方の仲介、賃貸と管理など、複数の分野にわたって営業している企業もたくさんあります。

このような感じの不動産業界ですが、投資用不動産の物件情報を得られるであろう可能性が一番高いのは、「売買」の分野に携わる企業です。しかし、売買関連だったらどこでもいいわけではありません。

「売買・売買仲介」の分野に絞っても各不動産業者によって、次のような特色があります。

・大きな土地を戸建建売業者に卸す会社
・大きな土地を分譲マンション業者に卸す会社
・新築一戸建ての販売を得意とする会社
・新築分譲マンションの販売を得意とする会社
・土地、建物、区分マンションの居住用不動産
・全般の媒介取得（販売依頼の受託）が得意なところ
・土地、建物、区分マンションの居住用不動産全般の販売（客付け）が得意なところ
・不動産業者が保有する物件を不動産業者に仲介するのが得意なところ
・一般法人の所有物件の売買に特化したところ
・投資用不動産の客付けに特化したところ
・個人向けの投資用物件の売買に特化したところ
・登記の直接移転（中間省略）、客付け買取りに特化したところ
・税理士的なお手伝いから売買に絡む業者　等々

このように千差万別です。

個人向けの投資用区分業者の垂涎《すいぜん》の的となるような「区分ワンルーム」の情報があったとしても、「新築戸建ての現地販売」をメインとしている業者さんは完全にスルーです。「満室稼動の一棟アパートで利回りに魅力がある物件」でも、戸建てやマンション用地を扱う不動産業者からすれば「賃借人が邪魔ですぐに案件化できない土地」と認識されてしまうことも少なくありません。

投資目線から見ると優良案件となり得るものが、投資用を扱わない不動産業者においては、光らない物件と見られてしまうこともあれば、逆も然り。

少し郊外で格安の〇〇ヘクタールといった土地情報が投資用物件を扱う不動産業者に持ち込まれても、「ウチ土地やらないんで！」で終わってしまいます。これが、一般法人を専門にやっている不動産業者であればロジスティクス（物流・配送）センター用地を求めている企業に合致するかもしれません。不動産業者によって、ターゲットとしている顧客と扱う物件、ビジネスのポイントがまったく異なっています。

一般個人が参入する際の不動産業者選びは、上記を踏まえて、売買の中でも、次の顧客・物件をターゲットとしている業者から絞り込んでいくのが、入口としてはベターでしょう。そのような業者を見つけるポイントは以下の通りです。

・個人を対象に商売をしている業者

「100億円の事業用ビル」とか、「流通倉庫用地3000坪」とかの物件情報をもらったところで、投資用不動産には程遠い分野です。B to Bではなくて、B to Cもやっている会社にしましょう。

・実需よりも投資用に特化している業者

実需とは自分が住むための住居のことです。

ごく一般的な不動産売買は、住むための、実需の不動産を前提に考えられているケースがほとんどです。FRKや全日（業界団体）の契約書や重要事項説明書の雛形に「投資用」なんていう言葉はありません。

そのため、普通の不動産売買を行う不動産屋に行くと「戸建とマンションはどちらがお好みでしょうか？」「広さはどれくらい欲しいですか？」「お子様は何名いらっしゃいますか？　学区は？」等々、記入するお客様カードの中身がそもそも投資用と噛み合いません。

どこの銀行で投資用物件の融資が可能かを把握しているのは、投資用に特化した不動産業者です。

・自分の好みの分野を扱っている業者

投資用でも「区分」「一棟」「地方」「一都三県」「新築」「中古」「土地を買って建てるところから」「新築シェアハウス」等々選択肢はそこそこあります。自分の好みや戦略が決まっているのであれば、それに則したところにアプローチするのが早いです。

不動産投資のプロはここに挙げた不動産業者の特色を把握した上で、ケースバイケースで使い分けていきます。

3・投資用収益不動産はどのように流通しているのか？

そもそもどうやって投資用の不動産が世の中に生まれ出てくるのか、そしてそれが売却されるのか、ここを押さえておくことで不動産業者の考え方が見えてきます。

「土地や建物を借りたい人がいるから、持っている人が貸す」というのは前提として、ここではビジネスにおける「建物の立ち上がり時点」に注目してみます。新築のワンルームマンションや新築の一棟アパート・一棟マンション・ビル等については、大きくは次のような形です。

最もオーソドックスな形としては、土地所有者自らが音頭を取って、ハウスメーカーや工務店に依頼して建築するパターンがあります。資金力がある人が、土地を購入して一から建築するのもここです。積極的に賃貸運営に動く個人・法人が作り出します。

・一般個人なら、「積水ハウス」や「住友林業」などのハウスメーカーに依頼する等

・オフィスビル等の大型案件だと「住友不動産」や「森トラスト」他

また、最近だと土地を買って新築を建てるところから「融資を含めて全部をパッケージ」にしてくれるパターンもあります。

・（スマートデイズに続いて話題の）「ＴＡＴＥＲＵ（元インベスターズクラウド）」や「シノケンハーモニー」他

次に「土地の有効活用をしませんか」という謳い文句で建築をメインでアプローチする業者が地主さんに建てさせるパターン。受け身な土地所有者が営業を受けて思いきるイメージです。

・「レオパレス」「大東建託」他

その他に、デベロッパー事業をメインとする不動産業者そのものが「建てて売る」というパターンも多いです。

・ワンルームマンションだと「スカイコート」「ＦＪネクスト」他
・アパート系統だと「日本家主クラブ」「シマダアセットパートナーズ」他

これら、そもそもの建物の組成については、土地所有者・地主さんは「賃貸収入」を、建築を誘導する業者さんは「建築による利益」を、デベ業者さんは「売却益」を各人目的として事業に取り組むわけです（その他、自己利用として建てる自社ビル・自用の戸建・賃貸併用住宅等もありますが、純然たる投資用ではないので割愛）。

このようにして、賃貸物件として稼動する「投資用の収益不動産」が出来上がります。

これらについて、保有や自用に建築されたものは、そうすぐさま売却されないことが多いものの、デベロッパー事業者の物件は、「売るため」に作られたものなので、リーシング（入居の販促）を行いながら、完成前から同時に販売を仕掛けていきます。

販売部門を自社で持つデベ業者もいる一方で、特にアパート系などは、社外の一般的な仲介業者に販売を依頼するケースが多いです。新築の一棟アパートが複数の不動産業者の名前で販売されているのは、この一端です。


では、デベ業者系以外が建築した、投資用収益不動産はどのように流通していくのでしょうか。

言ってしまえば個別事情。タイミングはさまざまです。

「建物が古くなってきたから、売却して新しい収益物件に組換えよう」などと投資の延長で考えての売却もあれば、「相続で親からビルをもらったんだけど、大変そうだから市況のいいうちに現金化しておきたい」というフワッとしたケースもあります。

では、それらの「不動産を現時点で持っている一般の個人・法人オーナー」は、いざ売りたいとなった時、どこに相談するのでしょうか。

良くある相談先は次の通り。

・不動産を購入する時に利用した会社
・不動産の管理をしてくれている管理会社
・インターネットからの一括査定
・よくチラシを投函してくる地場の不動産業者
・新聞折り込みなどにある大手の不動産業者
・不動産業をやっている知り合い
・税理士（特に相続関係等）
・金融機関（特に借入先等）

自分が購入した時の仲介業者や購入元である売主の不動産業者に相談する、管理を任せている管理会社に相談するケースはよくある話です。ただ、購入してから相当な期間が経過していたり、相続で引き継いだりした際には、購入当初の不動産業者と疎遠になっていることもあります。

そんな時には「楽待」等を活用してのネットからの一括査定や、家や会社の近くにある不動産業者、家に投函される「売却物件募集、無料査定」といったチラシ、新聞折り込みに挟まれた大手不動産業者のチラシなどから、査定依頼、売却相談がされることもよくあります。

その他、税理士や借入先の銀行など、定期的に税務や借入における相談をする相手に売却の話をする人も少なくありません。銀行によっては「不動産部門」があるため、銀行の名を冠した仲介業者が喜んでお話を伺いにいきます。

また、リフォームの見積もりなどをやっているうちに「そんなに費用が掛かるようなら売却も考えないと」というケースもあり、リフォーム業者が売却相談を一番に受けることもあります。つまるところ不動産に関連する業務に携わり、看板を掲げている業者すべてが、物元《ブツモト》になる可能性があります。

「そんな仲介会社を経由しないで、直接自分のところに相談してくれたら、余計なマージンがなくて購入できるのに」

不動産投資に参入する個人投資家のみならず、売買そのものをやる不動産業者もそう思っています。

しかしながら実際問題、「まだ売りにも出していない物件の売主を直接掴まえる」というのは決して簡単ではありません。もちろん、すべての物件に所有者は存在するので、登記簿謄本を取得するなどして、片っ端からアプローチすることもできるでしょうが、効率はよくありません。

「そろそろ売却して次の大きな物件に買い替えたい」

「相続でもらった不動産、親族の折り合いがついたので売却したい」

これらの売却需要がいつどうやって発生するか、そのタイミングが分かれば、それはもはや神の領域です。これが分からないからこそ、不動産の仲介業者は、その事態が発生した時に声が掛かるよう日頃の営業努力をしています。

派手な看板や中吊り広告を出したり、査定依頼をもらうためのＷｅｂ広告を出したり、「売却物件求む！」のチラシを投函したり、ダイレクトメールを送ったりといった営業を日々行っているわけです。

また、タイミングよく「売りたいオーナー」と直接やり取りができる関係になったとしても、話はそう簡単ではありません。不動産に限らずではありますが、売買において、売主サイドは「高く売りたい」、買主サイドは「安く買いたい」というあからさまな利益相反の関係にあります。話をまとめるための仲介業者の存在・営業テクニックは、大きな金額が動く不動産取引において、決して疎かにはできません。

収益物件を買い漁っていく不動産業者のプロ達はこの売主に最も近い存在のブッモトの不動産仲介業者の担当者に近づいて関係を作ろうと、日々画策しているわけです。その点においては一般の不動産投資家が勝つことは難しいと言わざるをえません。

4・プロに対抗せずに物件情報の入口を作るには

物件情報を最初に取得した不動産業者が、資力があるか、転売できる顧客を持っているかすれば、その物件はマーケットに出ることなく、押さえられていきます。

2018年11月現在のマーケットで言えば、「東京23区内で2010年築の一棟RCマンション、満室稼動中で利回り15%」なんていう「誰がどう見ても儲かりそうな割安な案件」があったとき、そこに素人の個人が参入できる余地はほとんどありません。

相場が分かっている不動産業者が「瑕疵担保免責・ローン特約なし・測量不要」等々で売買契約を取りまとめてしまいます。投資商品としてみると「インサイダーってどうなのよ！ オイシイ情報を自分たちでモノにしてけしからんっ」と言われるかもしれません。

しかしながら、不動産を売買されるモノ（物や食品の販売等）として見ると、「卸《おろし》業者」がいても何ら不思議なことはありません。「投資」と謳ってはいますが、実際には「不動産を買う」という行為に変わりはないため、ここには両方の要素が介在します。

特に収益物件、融資の組み立てが「不動産業者のバックアップありき」で成立している部分が少なくありません。

では、そんな一般個人がまともな物件情報を手にするにはどうしたらよいのでしょうか。

一般商材の物流のイメージでいけば、

「『卸業者と競合する』のは諦めて、卸値で可能な限り安く買う」

ここを目指すのが早いです。

食材であれなんであれ同じ商品をコンビニエンスストアの定価で買うのと、業務スーパーやホームセンターの割引価格で買うのとでは、それなりに値段が変わってきます。店側は当然利益を求めますから、仕入れ値そのもので買うことはできないまでも、そこまで足を延ばせばそれなりに安い値段で購入することはできます。

不動産の場合も同じことが言えます。不動産の「生産者や仕入元」である全国各地の個人売主やブツモトの仲介業者に当たることは難しいですが、物件の情報が集まってくる「卸業者的ポジション」の不動産業者。ここに接点を持つとだいぶ効率がよくなります。

本書を読んでいる方々が狙うべきは「投資用不動産の卸業者的なポジション」の不動産業者です。

・物件情報がバンバン入ってくる仲介業者なのか

・ものすごく買い取る三為業者（転売）なのか
・それらにくっついたコンサルタントなのか

これぱかりは実際に話が進んでみないと分からないところですが、適正な販売価格で融資が付くような物件情報が欲しいのであれば、こういったポジションのところへ行きましょう。

近頃だと、投資用不動産のマーケット相場の上昇から、卸業者が個人投資家に販売するどころか、卸業者からさらに卸業者が入って（さらにさらに入って……）そこから小売りされるというパターンも散見されます。

物件情報の源流での情報取得では素人に勝ち目は薄いものの、なるべく上流での情報取得を目指すことが鉄則です。「不動産投資のプロ」として「成功した大家本」を出版している方々も「不動産業者からの物件購入」を交えている人がほとんど。事実、私の一棟目のアパートも不動産業者から購入したものです。

「不動産業者の利益が乗った物件」であったとしても、不動産投資において「トータルでの勝ち」は目指せます。マーケットの相場よりやや安い卸値で物件が取得できれば、出口を見据えつつ、ある程度の保有期間を持つことで「トータルでの勝ち」を狙うことができます。

さて、それではそれら「卸『的』ポジション」の不動産業者へのコンタクトを取る方法に触れていきます。一番簡単なのは、「楽待」や「健美家」などの不動産投資ポータルサイトの中で、セミナーを開催したり、物件掲載をしたりしている不動産業者から探すことです。

不動産投資セミナーなどで集客をしている不動産業者であれば、融資付けのノウハウや、購入後の運営管理、買い増ししていく方法や税務手続きの入口など、個人の不動産投資家をフォローアップできる体制が整っている可能性が高いです。

一方で、単純に物件を掲載しているだけの業者については、必ずしも「投資用」に特化しているとは限らないため、融資や管理等、運営全体についての知識が乏しい可能性があります。

もちろん物件からの集客を図るのは不動産業者のセオリーですから、物件の掲載のみでセミナーをやっていない業者がＮＧということではありません。

ただし、「色々な不動産業者から掲載されている物件『しか』出していない業者」に限っては、卸業者的ポジションではなく、末端の業者である可能性が高いです。

・セミナーへ参加
・物件問い合わせ
・個別相談やコンサルティングを受ける

一般的には、このあたりが1つのスタートとなります。

その他の方法としては、各地にある大家の会など「既に成功した大家塾的なものをやっている方々」を経由して業者を紹介してもらったり、不動産業者の代表者が（集客用に）書いた書籍を読んでアプローチしたりというのもよくある形です。

人づての紹介、特に実際に投資用不動産を購入して、毎月キャッシュフローが得られている人から、購入した業者を紹介してもらう場合は、その信憑性も高まります。

もちろん、不動産絡みで「紹介」といえば、無償とは限らず、その裏では「紹介料」が動いているかもしれません。紹介料で稼いでいる有名大家さんや投資家集団のトップのお話はチラホラ耳に入ってきます。

しかしながら、そうであったとしても、無数にある不動産業者、それに従事する営業担当者達を選別する手間を考えたら安いものかもしれません。

「いきなり紹介してくれというのもハードルが高い」「自分の周りで不動産投資をやっている人なんていない」「大家の会なんて大変そう」という人は、まずＷｅｂの「不動産投資ポータルサイト」をフル活用して、いくつかのセミナーに参加してみましょう。どこかに「当たり」があるはずです。

５・「当たり」セミナーの見つけ方

収益不動産を欲しい気持ちが昂ってきた、業者へアプローチしてみたいと学習意欲に駆られた場合、「とりあえずセミナーに参加！」というのは入口として有効です。

「楽待」「健美家」といったサイトには物件情報のみならず、多くのセミナー情報も掲載されています。しかもそのほとんどは無料です。

今までこういった不動産投資セミナーに興味がなかった人が、実際にセミナー募集のＷｅｂページを見ると、その開催数の多さに驚くかもしれません。

参考に、２０１８年9月19日現在【「楽待」不動産投資セミナー（http://www.rakumachi.jp/info_seminar/）】に掲載されている一覧を見てみると、その数「５２７件」。単純に計算すると１週間で１００件前後のセミナーが開催されています。とても回りきれるものではありません。

では、この膨大な数が開催されるセミナーの中で、「当たり」を見つけるにはどうしたらよいのでしょうか？

結論を言ってしまうと、セミナーの良し悪しの評価は、「セミナー内容と参加者の知りたかった内容が合致していたか」です。興味をそそられる、欲しかった情報を聞き手は得ることができたのか、ここが良し悪しの判断基準になります。

さて、その満足度の高いセミナーの探し方ですが、まずは、自分の興味が惹かれるタイトルのセミナーを見つけてみてください。

なお、楽待の場合だと、

・「初心者向け」
・「融資」
・「区分マンション」
・「1棟物件」
・「出口戦略」
・「空室対策」

などとテーマで分類されているので、これも参考になります。

「ここならいいかも」というのを見つけたら、すぐに「お申込み！」ではなく、その前にひと作業です。

やるべきひと手間は簡単です。主催の会社名と講師名について、Ｗｅｂで検索してみましょう。

一見、セミナーのテーマ・タイトルが「初心者向け」だったり、「融資」に設定されていたりしても、開催業者のホームページを見てみると、「区分ワンルームしか扱わない会社」だったり、「自社の新築アパートがメインの会社」であったり、自分の求めている内容と齟齬があるかもしれません。

講師についても、その名前を検索することで、出している書籍の内容や、推奨している投資手法、どこに勤めている人間かなどの大枠を掴むことができます。

こういった「事前Ｗｅｂ検索」で相手の背景をあらかじめ知っておくことで、「この会社はこの方向に話を持っていこうとするんだろうな」という戦略を読むことができます。そしてそれが行くべきセミナーか否かの大きな判断材料となり得るのです。

自分の不動産投資のスタンスが固まっているようであれば、それに合っているテーマのところがいいでしょう。もし、まったく初めてで勉強したいけど特に何も決めていないという場合は、あえて違うジャンルから3～5社参加してみると、カラーの違いを体感することができるはずです。

開催者側の立場から話をすると、不動産投資セミナーは集客のための「撒き餌」と宣伝を兼ねた営業の入口です。テーマにあるような一棟や区分、「頭金０円」や「法人活用」といった、ターゲットとなる顧客の嗜好を絞り込むことで、より自分たちの会社のスキームに合致したお客様を集めたいという思惑があります。

扱うのは金額の大きな不動産ですから、買えない人が粗品や飲食目的でこられても当然歓迎されません。「年収〇〇万円から始める」といった年収制限が暗に盛り込まれているのは分かりやすい例ですね。

セミナーを開催する会社が勧める不動産投資が一棟アパートや一棟マンションなのか、区分ワンルームなのか、新築か中古か、それとも賃貸併用住宅か。ここによって、セミナーのタイトル・内容も変わってきます。

なお、比較検討のためにも、1社に傾注しすぎるのは注意。相手は虎視眈々と取引の機会を狙っている百戦錬磨の不動産業者です。1箇所に行って満足してしまい「他の話も聞いておけば、あんな物件買わなかったのに」となってしまっても後の祭りです。足を使って複数の業者のセミナーを巡ることで、目が養われ、より「当たり」を得る確率は高くなります。

2、3の業者のセミナーに参加した後に、「あぁ、やっぱり最初のがまともだなぁ」となれば、1つ目の不動産業者に戻ってもいいんですから。

６・信頼できる業者と信頼できない業者の見極め方

業者間でも初めての取引先のときには、警戒度を高めて臨みますが、そういった際に分かりやすい客観的な指標として「免許番号の更新回数」というものがあります。

宅建業の免許には【国土交通大臣（☆）第＠＠＠号】という表記がなされています。この（☆）の部分、ここが更新回数となっています。宅建業は５年に１回更新が必要なので、長く続いている会社であれば、この数字が大きくなり、経験と実績があるイメージが付きます。

ただし、免許番号の更新回数が多い会社を買い取って営業を始めることもあるため、あくまで判断材料の一部です。

また、更新回数が（10）で（50年以上）など、非常に昔から営業している業者だからといってそれだけで安心はできません。中の営業担当者のスキルも更新されていれば問題ありませんが、今現在のスタンダードな不動産取引に対応できていない（極端な例として「手書き」の重要事項説明書をＦＡＸしてくるような）ケースもあったりします。

そのような不動産業者の場合だと、最新の融資状況にも疎く、自ら融資付けをしなければならないなど「買う側のスキル」が求められます。買主側が不動産業者等、自分で処理できるスキルがあれば問題ありませんが、更新回数が多い＝自分の不動産投資に都合のいい、信頼できる業者とは限りません。

「個人向けの投資用の収益不動産を扱う不動産業者」の見極めとしては、正直なところ、外側からその業者のホームページを眺めたり、1つのセミナーに参加してみたりするだけでは、判断が付きません。

「○○っていう不動産業者はどうですか?」

「○○さんっていう講師のセミナー、どうですか?」

「○○さんっていうコンサルさん、どうですか?」

こういった質問は不動産投資の相談をいただく際に、直接的に、または世間話の1つとしてよく聞かれます。これから訪問・相談する予定のある不動産業者や、コンサルタントについて調べるには、事前のWeb検索が有効です。調べたい業者名単体ではなく、

「業者名」＋「評判」

「業者名」＋「口コミ」

「講師名」＋「セミナー」＋「口コミ」

「業者の代表者名」＋「不動産」＋「評判」

こんなキーワードで検索すると、その業者やコンサル、講師の人のセミナーの感想や評判などが、ユーザーやセミナー参加者のブログなどから出てきたりするので、そこでイメージを掴むのがオススメです。

不動産業者そのもののＷｅｂサイトにも「お客様の声」が掲載されているケースもありますが、自作自演をしていたり掲載して問題のないものを抽出していたりするのは誰もが思うところです。

意外と知られていませんが、この場面でもGoogleマップは活用できます。Googleマップを開いて、会社名で検索すると、おそらくはスクリーニングされていない星の数の指標と口コミが見られるため、私は事前にチェックするようにしています。

セミナーやユーザーレビューなど、儲かっていて何も問題ない場合などは、わざわざレビューまでしないことも多いもの。儲からないものを掴まされて文句を言いたい人、いい対応をしてもらえなかった人ほど、書き込みをしたくなるものなので、あからさまに悪い評判ばかりであれば、さすがに避けるべきですが、少し評判が悪い、もしくは賛否両論が見て取れるのであれば、「虎穴に入らずんば虎子を得ず」と、あえて参加してみるのもアリです。

営業手法から選別する、怪しい業者としては、次のような傾向があります。

①しつこい電話勧誘

勤務先や家の電話に知らない不動産業者から営業電話が来るパターン。名簿を見て電話営業をしてくる投資用不動産業者は怪しいです。なぜかというと、電話営業は市場の認知度が低い商品や、売りにくい（売れない）商材を販売するのに有効な手法だからです。本当に利益が出て皆が欲しがるような投資案件であれば、1件1件電話して新規の顧客を開拓する必要がありません。

②長時間の拘束

「契約してもらえるまで帰りません！（帰しません！）」という営業。露骨な押せ押せ営業です。大きな買い物ではあるので、背中を押してあげることが必要な場合もありますが、訪問して居座って恫喝して、となってくると話は違います。もう逃げるか追い返すか、警察を呼びましょう。優良案件であれば、無理にその人に売り切る必要なんかありません。

③『絶対に儲かる』という発言

不動産投資のリターンは、インカムゲインでもキャピタルゲインでも、あくまで将来的なものです。営業担当者としては、押しの一言に使いたい気持ちになる言葉ですが、「絶対に儲かります！」「損はさせません！」「間違いありません！」などの強すぎる断定を連発する営業だと、勢いで売ってしまおうとしていることが読み取れます。

④いいことしか言わない

新築・中古・区分・一棟・地方・都心、どの物件にも一長一短はあるものです。販売用の文章やウリ文句にいいことを書くのは当然ですが、現地の案内時や面と向かって物件の説明を受ける際には、良し悪し両面の説明がある人（業者）のほうが信頼できます。

⑤同業他社（他物件）を叩きまくる

顧客を囲いたいがために「あの不動産業者は評判が悪いから行かないほうがいい」「こんな物件買っちゃダメですよ！」などというトークばかりをする業者もあります。業界の構図や企業名は参考にもなるため、聞いておいて損はないかもしれませんが、それに終始して、自社（と自社が扱う物件）が最高という話ばかりをする業者は避けたいところです。親身に心配しての忠告であれば、「行くのも面白いかもしれませんが、気をつけてくださいね」で充分です。他業者に行かれると情報量で勝てない、勧めている物件の弱みが明るみに出るなど、その業者にとって都合が悪い理由がある場合が多いのです。

「騙しにくるかもしれない」と分かっていた上でセミナーなどに参加する分には、やり込められる可能性も低くなります。収益用不動産業者の社内ミーティングルームや、貸し会場での不動産投資セミナー＆懇親会というよくある集客でも、ただ参加しているだけなら、取り返しのつかない金銭的な被害もありません。

セミナー終了後に物件の紹介や、バックヤードの商品（成功のためのＤＶＤ等）が紹介されるケースもありますが、本当に興味を引く内容・物件であれば、シミュレーションなどをもらって、帰ってからじっくり精査すれば構いません。期間限定の高額コンサル等でも、「ちょっと予定が……」で大抵は切り抜けられます。

ものすごく断りにくくなったら「書いてた年収ウソです。自営業なので、上下激しくて」とか、「親族（親兄弟）が御社と同業なので」なんていうトークを言っておけば、「買えない人・買わない人認定」されて勧められないはずです。

収益不動産を扱う不動産業者・不動産コンサルタント、紹介料目当ての大家の会の人等に慣れておくことで、「営業を受ける経験」を積むことができます。こういったアプローチを繰り返し体験しておくことで、不動産業者を見極める目が養われていきます。

実際に会って話した際に、コンサルティング営業、つまり「個別相談・ヒアリングありきで、あなたに合ったいい物件を紹介しています」というスタンスの業者のほうが良心的です。

7・業者の見極めよりも担当者の見極めの方が大事

こと不動産投資においては、不動産「業者」以上に営業「担当者」という「ヒト」の当たり外れが、投資の成否に大きく関わってきます。

同じ年収・同じ自己資金の投資家予備軍の人がいたとしても、1年後には「総資産3億円、年間数百万円のキャッシュフローの人」「総資産1億円、年間数十万円のキャッシュフローの人」「何もしていない人」など、まったく違う状況に分かれますが、これは本人の決断もさることながら、営業担当者の誘導も大きいです。

信頼できる投資用不動産を扱う不動産業者と出会うことはとても重要です。ただ、注意するべきは、同じ業者の中にも「デキる人」と「デキない人」がいることです。

不動産の転売業者は、物件を仕入れるために仲介業者を訪れます。私が「一棟仲介」の不動産業者に勤めていた頃、とある買取業者の営業さんが「一棟の収益モノ扱いありますか？　情報ください」と訪問営業にきました。

仲介業者のポジションとして、このこと自体はよくあることです。

買取業者も仲介から見れば当然お客様ですから、ヒアリングから入りました。
関田「仕入の目線だと利回りどれくらい求めますか？」
まずはどんなものを求めているのかを伺いました。
その時の回答を今でも忘れられません。
営業「利回りって何ですか？」
関田（……こいつは何を言っているんだ）

空白の数秒、時が止まったかのようでした。新人の営業さんだと信じたいところですが、いくら「販売担当」ではない「仕入の人」だからといっても、せめてもう少し社内教育をしてから野に放って欲しいところです。
彼が勤めるのは、不動産業界では知らない人がいない上場企業のグループ会社。それでもこのレベルの社員がいたりします。

では、どんな営業担当者が信頼できて（仕事ができて）、どんな営業担当者が信頼できない（仕事ができない）のでしょうか。まず、「デキる」営業担当者の傾向をまとめると、次の３つ。

①金融機関の最新動向を把握している
②物件情報の収集力がある
③提案に幅がある

デキる営業担当者はお客様の勤め先や年収・自己資金などのヒアリング中に、融資の可能性のある金融機関はどこなのか、そこから本人の将来的な目標に近づくために最短の組み合わせができる物件はどのようなものか、これらを合致させて提案していくことができます。

また、販売力のある仲介・売買業者やその担当者には、売主サイドの不動産業者から情報が集まりやすくなります。

金融機関の選択肢があり、物件が集まりやすくなるため、マッチングできる顧客も多くなり、よりさまざまな幅のある提案を展開することができるようになります。

ただ、できる営業担当者ほど優良顧客も集まりますので、よりスムーズに購入してもらえる顧客が優先され、属性面から融資が際どかったり、細かい希望が多すぎたりするお客様は後回しにされてしまいがちなのが悩ましいところです。

一方で、デキない営業担当者の傾向は先程の正反対です。

①金融機関の動向を知らない
②物件情報が集まらない
③提案に幅がない

「融資が組めますか?」という当然の質問をしたときに「銀行に聞いてみないと分からないですね」という回答のみで終わってしまう担当者だと、融資付けに不安が残ります。

もちろん、収益不動産のローン付は物件面と人物面の両方の詳細資料を全部持ち込んでの最終ジャッジとなるので、仕方のない面はあるのですが、それでもある程度経験のある担当者であれば、入口時点で大まかな可能性の有無は判断が付くものです。

また、金融機関の動向をまったく把握できていないよりはマシですが、パッケージ化された一部の融資しか把握できていない担当者も少なくありません。

その場合、融資の選択肢が狭くなり、それに伴い物件の選択肢も少なくなり、提案の幅は狭まります。

この他、営業担当者の良し悪しを見極めるために、営業担当者に対して「〇〇さんは不動産投資をされているのですか?」と聞くのもかなり効果的です。

実際に不動産投資に取り組んでいる担当者であれば、どの銀行で、どれくらいの金利・期間で融資を引いたのか、投入した自己資金や利回り感など、スムーズに答えてくれるはず。

金融業界とは異なり、不動産投資はインサイダー取引の法的な制限は存在しません（会社によっては社内規定があります）。よって、不動産投資に真剣に取り組んでいるのであれば、それを勧める本人も取り組んでいて当然とも言えます。

ただし、業界内にいる私の感覚からすると、おそらく、不動産投資を自ら実践している担当者の割合は10～20％程度でしょうか。少数派なのです。

やっていない理由としては、「リスクをよく分かっているから」「ローンが組めないから」などさまざま。実は、歩合給の割合が高い不動産営業マンへの融資を快く思わない金融機関も多いのです。

確かに投資用不動産のローンは誰でも組めるものではありませんし、現在は取り組んでいなくとも、いずれ購入するための資金を貯めている最中であるなど、さまざまな営業担当者がいます。

とはいえ、買う側からすれば、既に不動産投資に取り組んでいて、よく分かっている営業担当者から購入したいと思うのは、当たり前の話だと思います。

「自分年金を作るための資産形成に」というのは不動産投資の導入における常套句ですが、それを勧めてくる人は資産形成をしているのでしょうか？

平たく言えば「儲かるからやりましょうよ」「今すぐ儲からなくても手堅い資産になるから買いましょうよ」という営業をしているのに、それを売っている担当者が自分でもその資産形成に取り組んでいないと、それはどうなのか。ここを突っ込んで聞いてみると、信頼できるかどうかの選別に繋がります。

8・どうすればオススメ物件を紹介してもらえるのか？

信頼できそうな担当者ができたとして、その後、どのように物件の情報を求めていくといいのでしょうか？

しつこすぎないレベルで「オススメ物件ないですか？」とアプローチをするのがいいでしょう。アプローチ方法は、電話・メール・訪問等の一般的な方法ですが、ツールは何であれ、時折自分の印象を与えておくことが大切です。

私が本業とする収益物件の仕入営業でも同じことが言えますが、仲介業者であれ、販売業者であれ、見合う物件があるときにしか紹介はできません。

不動産業者側から「購入できる人である」と認識されているのに、物件が紹介されないのであれば、それは「ハマる物件がない」可能性が高いです。

セミナーや懇親会に参加することなども含めて、不動産業者側から見て「直接やり取りをした直後のお客様」かつ「購入できるお客様」が一番ホットな状態に見えます。

「鉄は熱いうちに打て」というのは、営業的にはセオリーですが、売り物が１つ１つ異なる不動産においては、その人が求める物件に丁度良いものが、そのタイミングであるとは限りません。

そのため、忘れられないように、求める物件が出た際に優先して情報をもらえるように、営業担当者の頭の中にある自分の優先順位を更新していくことができるとベターです。

Ｗｅｂのマーケティングなどで使われる、ＵＵ（ユニークユーザー数）やＰＶ（ページビュー数）とＣＶ（コンバージョン）のような考え方が有効といえます。

物件情報の取得がＣＶだとして、そもそもの会う人・繋がりの数であるＵＵを増やさないと、その入口が作れません。そして、ＵＵと接触する数がＰＶです。

マーケティングの心理学では、「ザイオンス効果」（単純接触効果）というものがあります。これは、年に1度しか会わない人よりも、週1で10分でも会う人のほうが好ましく感じてもらえるという効果です。

たとえ自分が潤沢な現金とアツい金融機関の融資条件を確保できているとしても、それを営業担当社に知ってもらえなければ、物件紹介の営業活動の対象としてもらえません。また、一度知ってもらえても、その「買える状態・欲しい状態」がキープできていることを適宜認識してもらえないと、せっかく築いた関係もすぐに崩れてしまいます。自分から見て、ＵＵの営業担当を増やし、各々のＰＶを適度に上げて、ＣＶに繋げます。

ただし、営業担当者の立場からすると、あまりにも頻繁に、「何かないですか?」「物件出ましたか?」と詰められてしまうと面倒なお客様だと心証が悪くなりかねません。ないものはないからです。

「今度ここの査定に行くのですが、いくらなら買いますか?」

自然と不動産業者側から、こんなヒアリングがくる関係が最高です。

それでは、どうすれば優良物件をたくさん紹介してもらえるようになるのでしょうか。

営業担当者も人間です。「積極的に物件をお勧めしたい!」と思うお客様もいれば、その逆も然り。顧客側となるサラリーマン投資家が不動産業者や営業担当者を選別するように、営業担当者側も優良物件をどんどん紹介したい「良いお客様」なのかどうか、見極めを行います。

当然、営業担当者から好かれれば、有益な情報も入りやすくなりますが、逆に嫌われてしまえば、物件情報は集まりにくくなります。

ここでは、どのような買主候補が「好かれるお客様」「嫌われるお客様」だと判断されるのかについてお話しします。

営業担当者が「大好きな」お客様には次のような特徴があります。

①「購入できることが明確な人」

大前提として、あくまで「買える人」であること。一番の優良顧客は、年収が高く、潤沢な自己資金があり、そして借入が少ない人、これが理想です。「現金で5億円持っています」というケースも明確という点からはこの上ないです。

もちろん購入する物件にもよりますが、「いかに資金・融資の組立、投資が成立しやすいか」、ここが営業担当者の見る最初の線引きとなります。

②金融機関の選定を営業担当者に任せてくれる人

ある程度経験を積んだ投資用不動産を扱う不動産業者、その営業担当であれば、物件面（価格帯・エリア・構造など）と、顧客属性（年収・自己資金・年齢など）の組み合わせから、「新築の木造アパートで、年収がこれなら、あの銀行」「この地域に住んでいて、物件の所在地がここなら、あの信金で可能性がある」等々、どの金融機関・融資商品が合致するのかを早い段階でイメージすることができます。

しかし、より有利な条件（低い金利・長い期間）での融資を求め、金融機関のこだわりがシビアなお客様もいます。気持ちは理解できるものの、審査期間が長すぎて購入そのものが頓挫するようなケースも少なくありません。

基本的には営業担当者が考える本命となる（通りやすい）金融機関をあたってもらい、その他の金融機関については、自分でも並行して打診してみるというスタンスであれば、双方が納得した上で、話を進めることができ、物件を取り逃しにくくなるでしょう。

③フットワーク・判断の速い人

紹介した物件についての回答や、現地の見学など、物理的な動きやメール・電話でのレスポンスが早いお客様は、営業担当者からも好まれます。

これは買手が業者の場合も同様ですが、即日・翌日で方向性が出る買主候補と、検討期間が１〜２週間見えないようなところでは、紹介する側の仲介業者からみると好感度は雲泥の差。

物件の紹介をした際にも、「どこが良くてどこが悪いから購入したい（したくない）」という判断の早いお客様であれば、その紹介物件で成約に至らなくても、その時の回答を活かして次の物件を提案することができます。

いい物件情報がないかと、日々Ｗｅｂサイトを巡り続けたり、いい金融機関はないかと、いろいろな銀行にアタックし続けたりするよりも、日頃から物件情報・融資状況に触れている営業担当者に好かれるお客様になる方が、圧倒的に効率がいいのは間違いありません。

「この人は信頼できそうだ」と判断したのであれば、融資の打診表やお客様カード（プロフィールシート）などは、サクサク記入して渡してしまったほうが心証はよくなります。

それに対して「嫌われる、敬遠されがち」なお客様の特徴は次の通り。

①そもそも買えない人

金融機関から見た融資基準と大きく乖離がある人。不動産投資どころではない人が相談に訪れるケースも少なくありません。

②あまりに慎重すぎる・心配性の人

「地震が心配」「川が近いから水害が」「入居されている高齢の方が室内で亡くなったら」などな ど気持ちは分からなくもないですが、現物である不動産に投資する以上、自然災害や入居者の事件・事故については、心配し過ぎてもどうしようもない部分も存在します。あくまで投資ですからリスクを取る必要があります。

③金融機関・金利のこだわりが強すぎる人

「○○銀行以外は使いたくない」「金利は1％以下でなければ取り組まない」などこだわりが強すぎる人も敬遠されます。融資を自力で通してから来てもらえる方や、誰が見ても都市銀行で通るような方ならウェルカムですが、そこまでの個人属性・保有資産がある人でなければ、ただの夢追い人です。

④理想が高すぎる人

「23区内でハウスメーカー施工、駅５分以内、築10年まで、満室稼働で利回り12％以上の物件だけ紹介してほしい」と言われても、そんな物件まずありません。あったら業者が即購入して、転売します。存在しないような物件を求め続けてチャンスを逃している人は多いです。

⑤質問内容が細かすぎる人

特に、利回り面で魅力のある中古物件については、元々の所有者から何度か売買されるうちに、建築時の資料をなくしてしまうなど、不明点が残ったまま引き継がれることも少なくありません。完璧な資料・物件を求めるのであれば、利回りが劣っても新築がベターです。

⑥時間を守らない人

約束した現地確認の時間や、来社予定の時間、契約時間に現れない等。投資以前の話です。

⑦忙しすぎて時間がまったく作れない人

現地を見にいく時間が作れない、金融機関とのローン契約の時間が取れない等。

「自分で手間を掛けなくてもいいのが不動産投資のメリット」ではありますが、それは運営を始めた後の話です。購入時、賃貸運営事業を開始するにあたっては、現地の確認や売買契約、金融機関とのローン契約など、ある程度（延べ2～3日）の時間が必要です。

不動産投資をスタートする時点では、業者から見ればあくまで「お客様」ですから、下手《したて》に出る必要はありませんが、「営業担当者が大好きなお客様」の①～③の「買える人」「面倒でない人」「スピード感のある人」をアピールしていくのがセオリーです。

ただし、最も信頼関係を築けて自分に合った物件を紹介してもらえるようになるのは、その業者・営業担当者のユーザーになることです。「購入した実績」に勝る信頼関係の構築はありません。

見通しの甘い、見合わない物件を買う必要はありませんが、本書を参考に「ある程度投資対象となる物件」を提案された際には、「付き合いのために買う」ことも決して無駄ではありません。その次に喉から手が出るほどほしい物件が出てくるのが見えているならそれを含めての投資です。

第３章

プロの「優良物件情報」選別法

1・プロの物件情報選別法

日頃、物件情報の収集に注力し、さらには購入実績を積んでいくと「こんな物件が出てきたんですけれど買いませんか?」という形で、どんどん物件情報が入ってくるようになります。

もちろん、私はプロというか本業なのでできる限り物元《ブツモト》さん寄りの川上情報を求めるものの、物元業者から情報を仕入れた客付け側に回る仲介業者やブローカー業者からは、物件情報の固さに難はあれども、送信されてくる物件の数そのものは相当なボリュームになります。

最近では、業者売主の物件情報を「右クリック⇒転送」だけで、『Fw:』付で送ってくる転送業者も結構いたりします。さらには、それを「右クリック⇒転送」で『転送の転送』で加工せずに送ってくるツワモノもいるくらいです（先2社ありとか先3社ありなどと記されています）。

こうして物件情報が入ってくるようになると「なんだ、このペースで情報が入ってくるなら買えそうじゃん?」なんて気持ちになってしまったりするのですが、それらの物件情報は誠に残念ながら「9割以上は、即ゴミ箱行き」です。

一例ですが、私の勤務先の会社における断捨離基準は次の通り。

①更地の土地情報

土地からの建築は私の属する企業では扱わないので、入ってきてもほぼお断り。誰がどう見ても絶対的に安いような土地は、戸建ての建売業者や、新築アパートの建売業者、土地の購入と建物の請負契約をセットにして投資用物件として販売するスキームを持つ業者等がサクッと持っていってしまいます。建築のノウハウとそれに特化した部隊を持つ業者に対抗するつもりがないので、見送り判断。

②自分の求める営業エリア外

田舎過ぎる、賃貸需要が感じられないエリアは、さすがに避けています。近頃は金融機関の融資環境が日々厳しくなっているため、融資が思い当たらないからＮＧというケースも増えています。

③自分の求める物件種別外

駅から遠いテナントビルや、ホテル・タワーパーキング等、買いたい物件種別に露骨に合致しないものは排除。本業の会社としては、自社の保有用資産として、一棟マンションに限らず、ビルも購入しています。ただし、それは都心部のいいところ限定。いくら表面利回りがよくても、地方かつ駅から遠いようなテナントビルは、賃貸需要が読めないので手を出していません。

④価格（利回り）がまったく合わない物件

指値をする気が微塵も起きない、価格・利回り感がまったく合わない。そんな物件はゴマンとあります。郊外エリアだったり、築後30年とか経過しているのに利回り5～6％だったりするような物件です。

⑤古過ぎる

旧耐震でも「買い」な物件はあります。しかし、昭和30年代などでは結構な勇気がいります。ケースバイケースで検討していますが、積極的に買いたいとは思いません。

⑥再建築に難あり

まったく買う気が起きません。リノベーション工事をばっちりやって、延々と活かしていくというのも個人投資家としてはアリかもしれませんが、企業としては「売れない（売りにくい）」ものは買わないのがセオリー。極端に安く買えたり、隣地の地上げを狙うなど、画が描けるのであれば、なくはないレベルです。

ざっくりとですが、これらの情報が入ってきても「見る気も起きない」物件たちです。物件そのものが良い・悪いという判断以前のところで「合致しない」ことがほぼ確定的なので、検討の時間を割くことすらわずらわしい。即ゴミ箱へという流れです。

私も新卒当時、大手不動産仲介業者で鍛えていただいたため、情報を持ってきてくれる仲介業者の立場と気持ちも、とてもよく分かるんです。

買主（候補者）がキチンと「ウチが買うのはこういう物件です！」と、何度伝えていようとも、販売活動を行う不動産の仲介業者としては、可能性を追求します。

「ちょっと利回り低いけど、あの業者さんなら買うかな？」

「あそこ収益やってたな！　アパート用地で検討しないかな？」

「一棟マンションしか買わないって言ってたけど、ビルも買うんじゃないかな？」

こんなふうに、たとえ少ない可能性であったとしても、万一の当たりを狙って紹介してくれるのですね。もちろん、その中には、不動産業者の一言で「あ！　確かに『買い』かもしれない！」

というケースも極々稀にあるんですが、極めて珍しいことです。そして、前述したように「1つの物件情報」が2社・3社と複数の業者さんから入ってきたりします。そのため、

カブリ（重複情報）を省いて、

投資用物件に絞って、

物件種別を絞って、

エリアを絞って、

価格帯を絞って、

利回りを絞って、

築年数を絞って、

構造絞って、

遵法性確認して…とやっていると、

「アレ？　こんなに情報がきているのに、買える物件ないじゃないか？」となることは珍しくありません。投資用収益物件専門の業者に勤める自分の職務として、自社で「売れるモノ」「融資がある程度追いつくモノ」じゃないと買う意味がないわけです。

求める情報が「区分か一棟か」「RCか木造か」「利回りは何％以上だ」等々、そういった部分は不動産投資に臨まれる方々の戦略・嗜好によって是非が変わってくるので、より細かな選別は

後述していきます。

どれだけ良い情報が回ってきても、それの良し悪しの判断に時間が掛かってしまっては、「すべてが1点モノの不動産」、すぐさま他の人に持っていかれてしまいます。

時間の無駄となる検討はできるだけ省き、「検討に値する物件」について、情報を精査して、いかにスピード感を持って判断できるか、ここが不動産投資の成否に繋がっていきます。

2・プロの「気になる物件」精査手順

即ゴミ箱行きというフィルターを潜り抜けた物件について、物件の概要をしっかりと把握していく作業に入ります。テスト勉強にたとえるなら、出題範囲の把握が先ほどまで。ここから先は、教科書の中で大事そうなところをマーカーで引いたり、ノートに写したりするような感覚です。

「気になるレベルの物件情報」を入手できたとします。

この精査時点の前後でまず取得しておきたいのは、次の書類です。

・物件概要書 or 販売図面
・レントロール（賃貸一覧表）
・謄本、公図、測量図、法務局資料

既に不動産業者からの「提案」の形で案件がきているのであれば「シミュレーション」をもらえるとベターです。なお、消毒されていない案件ほど、資料が粗くなる（概要書が作られていない、レントロールがない）ケースが多いですが、それを即座に検討するには、勘と経験がモノを言います。

それでは、本題の精査手順。概要書（または販売図面）を読み取りながらＰＣやスマホを活用して自分の中に落とし込んでいきます。

①場所の確認

対象不動産が一棟マンションでも、木造アパートでも、区分マンションでも、まず入口は「どこにあるのか？」です。概要書や販売図面から「所在地」や「住居表示」を Google マップ等で検索します。

住所の詳細（枝番）が隠されているようなケースも少なからずありますが、そんなときは「物件名称」＋「都道府県名市区町村名」で検索を行うと結構見つかります。

②外観の確認

ほとんどの場合、一般の個人投資家向けの物件概要書や販売図面には、物件の外観や共用部の写真が掲載されています。また、写真がない場合でも、取り急ぎ地図検索と併せて Google のストリートビューでイメージを掴みます。いわゆる物件の「顔」を見る作業です。もちろん現地確認に勝るものはありませんが、とっかかりの時点で修繕にお金が掛かりそうか、賃貸の訴求力はありそうか、ゴミ屋敷になっていないか等々、懸念材料の有無の1つの判断になります。

③公的評価の確認

最も金融機関が参考にする公的評価は「相続税路線価」です。国税庁の路線価図・評価倍率表Webサイト（http://www.rosenka.nta.go.jp/）か、「全国地価マップ」（http://www.chikamap.jp/）で先ほどの地図と照らし合わせながら、路線価をチェック。全国地価マップの方が、住居表示から検索を掛けられるので簡単です（※「相続税路線価等」から入ります）。

④土地と接道の確認（一棟物件のみ）

区分マンションは接道で問題になるケースはレアなので、あまり気にしなくていいでしょう。

逆に一棟アパート・一棟マンション・賃貸戸建といった「一棟モノ」においては重要項目と言えます。道路付けは、そ

「全国地価マップ」のホームページ。「相続税路線価等」から入って公的評価を確認する

の良し悪しで、そもそもの再建築の可否や、住宅用地への転用等、土地としての物件の価値を左右しかねません。

土地の面積を平米と坪で確認。前面道路が公道か私道か、私道なら持分があるのか、再建築の際に、セットバック（道路後退）は必要か等。これも、概要書・地図・現地画像と、法務局資料の公図・地積測量図などから、机上で大よその見立てはできます（あくまで現地確認重要です）。

⑤建物の机上チェック

外観ではなく、概要書や謄本、レントロールから建物の中身・数値面のイメージを把握します。見た目と登記簿謄本の構造は合致しているか、築年数はどのくらい経過しているか、どんな間取りで、何世帯あるのか。風呂・洗面・トイレが一緒になっている3点ユニットタイプか、バス・トイレが別のタイプか、といったリーシングに影響の大きいところもチェック。

⑥遵法性チェック

不動産・建築における現時点のすべての法律に、当該土地・建物が合致しているか。正直プロでも完璧には答えられないところです。ただし、金融機関もチェックする分かりやすい項目として「建ぺい率」「容積率」が適正か、という判断は素人でもできます。

どちらも土地に対する建物の大きさを制限する法律です。建ぺい率は土地を空中から見下ろした際に建てられる建築面積、容積率は土地に対して延床面積の上限を地域ごとに定めています。大阪エリア等は、特に違反建築が多いので、しっかりとチェックするべき項目です。

よくある数値として、「建ぺい率60%・容積率200%」というエリアに100㎡の土地があれば、1フロアの面積は60㎡まで、延床面積で200㎡となります。ただ、パッと見で若干数値が超過していても投げ捨ててはいけません。「緩和」を受けているケースもあるので、それも含めて問い合わせ時に確認していくことになります。

⑦賃貸状況のチェック

使う資料は「レントロール」と呼ばれる賃料の一覧表。存在しない場合は賃貸借契約書から1室ごとにピックアップしてチェックする必要があります。

満室想定の賃料が本当にそのエリアで入居が付く賃料か、現在が満室でも、その賃料は今後も継続できるのか、同一間取りで賃料に差があるか、サブリース契約の有無と継承、紙媒体で分かる状況を読み込みます。滞納者がいないか、入居者の属性などは、後回しです。

⑧コスト面のチェック

現状は管理会社を利用しているか、オーナー自身の直接管理か、管理委託契約がある場合、それの引継ぎに強制力があるか。

エレベーターはあるか、共用部の電気代・水道代は発生しているか。水道代は入居の各戸で支払っているか、ゴミの収集に費用があるか、修繕の履歴はあるか、前回の修繕からどのくらい経過しているか等をチェックします。

表面利回りが良くても支出が大きすぎると意味をなしません。年間の固定資産税なども、規模が大きい物件はコストが重くなります。運営費（Ｏｐｅｘ：オペックス）面の資料は、シミュレーションに必須です。

また、購入時点で空室が多くある場合や屋上防水工事などが必要な場合、運営させるための募集コスト・修繕コストが掛かります。

⑨適した金融機関があるかチェック

結局のところ融資が出るかどうか、ここの押さえが重要です。日頃金融機関とやり取りがあって、自分がどのようなローンで組み立てできるか、明確に分かっている場合は、そこから期間・金利・融資割合などをイメージします。

金融機関の融資担当宛に電話をする、訪問する等も有効ですが、まったくパイプがない場合は、闇雲に当たるよりも、投資用不動産に特化した専門業者にアレンジしてもらうのが近道です。

⑩シミュレーションをチェック

今までの①から⑨の材料を元に、毎月どれくらいのキャッシュフローが得られるのか、シミュレーションを作成します。

投資用不動産の売買に慣れた不動産業者であれば、仲介であれ、売主であれ、作成はしてくれます。ただ、シミュレーションは作成者の意図次第で、どうにでも調整できてしまうため、根拠としている賃料や経費は適正か、鵜呑みにし過ぎないことが大切です。

文章で表記すると、なかなか面倒に感じるかもしれませんが、慣れてくると30分も掛からずに、ゆっくりやっても小一時間あれば「やる」「やらない」の判断ができるようになります。ちょっと「気になる物件」のレベルから1つ1つ見ていくと「⑩シミュレーションをチェック」に至らない物件の方が多いかもしれません。

ここでは全体の流れを書いてありますが、各々の手順において、より細かなチェック方法やノウハウがありますので、次のページから具体的な方法を公開していきます。

３・プロのGoogleマップフル活用術

とっても便利なGoogleマップ。

もうこれは不動産業者のために作ってくれたんじゃないかと思わざるを得ないレベルです。Ｗｅｂ地図がない時代の不動産業者、特に営業エリアが全国だった人達は一体どうやって営業していたのだろうかと不思議で仕方ありません。

私がこの不動産業界に身を置いたのは２００５年のこと。タブレットは出ておらず、ガラケーの全盛期。当時はYahoo!の地図や路線検索等、ＰＣで地図を検索してプリントアウトするという作業をしていました。

さて、この便利なGoogleマップですが、人によって使いこなし度合いにも大差があります。日々、投資用不動産の良し悪しの判断に使っている私の活用法を公開します。「やり方」の中はＰＣのブラウザでの操作です。

①場所を把握する

言わずもがな、地図としての利用。Googleの（マップではなく）トップ画面で住所を検索するだけで、すぐに地図まで出てきます。戸建は住所からですが、一棟マンション・一棟アパート、区分マンション等は、その「名称」と「地名」で検索するだけでも、かなりの確率で見つけることができるので便利です。

【やり方：Googleをブラウザで開く⇓検索⇓検索結果ページで「地図」をクリック】

②ストリートビューで外観を見る

サービス開始当初は「勝手に家が載せられる！」「プライバシーが！」と話題になっていましたが、不動産に携わるものとしては、これほど便利な機能、他にはありません。Googleカーが走りまくって片っ端から撮影してくれた写真から、外観・接道・隣接地の雰囲気などを現地の目線で把握することができます。

さすがにリアルタイムではないので、現地に行ってみたら「あれ？全然雰囲気違うじゃないか」ということもあるので、あくまで参考に留めておくべきではあります。

【やり方：Googleマップで右下の「黄色い人型」を地図上にドラッグ＆ドロップ】

③航空写真を見る

Google マップの Earth（アース）モード。衛星からの航空写真を見ることができるモードです。リアルタイムではありませんが、一棟物件の屋上防水の状態もチェックできたりします。

【やり方：Google マップで左下の「航空写真」をクリック】

④３Ｄ画像を見る

先ほどの「航空写真」モードになると右側の方位マークの下に「３Ｄ」（ビューを傾斜）というボタンが表示されます。これをクリックすると、航空写真から傾斜した３Ｄビューとなります（エリアによって対応外）。

建物の全体を見ることができるのはもちろん、ストリートビューで確認できないような狭い道路の物件等も、雰囲気をチェックできるのは利点です。

そして、さらにキーボードの Ctrl キー（コントロールキー）を押しながら、マウスでドラッグすることで、上下左右からグリグリと３Ｄ画像の向きを変えられるため、建物全体の雰囲気を外回りから簡単に一周す

ることができます。

【やり方：航空写真モード⇩右下「3D」をクリック】

⑤ルート検索

実際に物件を見に行く際にも大活躍のルート検索ですが、Googleマップから直接検索も可能です。今すぐ見学にまで行かなくても、物件所在地と物件最寄りの駅名を入れることで、駅距離と時間を把握できます。

【やり方：左側のバーにある「ルート」をクリック】

⑥高低差を見る

物件そのものはもちろん、駅までのアプローチなどにおいて、アップダウン（勾配）があるかどうかを簡単に陰影でイメージできます。

【やり方：検索窓の左の三本線⇩「地形」をクリック】

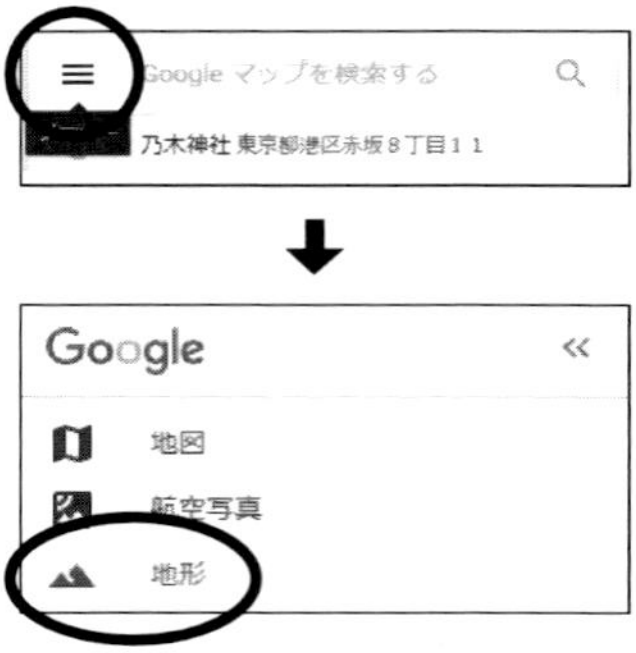

⑦ストリートビューの共有

クリックすると、その地図が開くようなマップの共有は当然できますが、実はストリートビューについても、「特定の位置からの特定の角度」を共有するＵＲＬを抽出することができます。

「ここ！　ストリートビューで見てみて！」と言われても、あさっての方向を見てしまい、意思の疎通が図れないなんていうことのないように。

ＢtoＢで不動産（買取）業者向けに仲介営業をする不動産業者の中には、概要をメール本文に、「所在地」の後にGoogleマップの短縮ＵＲＬを、「外観画像」としてストリートビューの短縮ＵＲＬを貼り付けて、それだけで物件の紹介をしているところもあったりします。

【やり方：ストリートビューを見ている状態で、左上の撮影時期などが表示されているタブにある縦３つの「…」マークをクリック。「画像を共有または埋め込む」から】

⑧ストリートビューを撮影時期で比較する

ストリートビューの撮影時期は右下に表示されていますが、複数の時期で撮影されている場合、左上にも時計が矢印で囲まれているようなマークと撮影時期が表示されます。

その場合、過去と現在の比較ができるので、特に建物全体の修繕のビフォー・アフターを見たり、新築物件の場合などには、従前がどんな環境であったのか等を知ることもできます（全国で複数回撮影されているわけではないので注意)。

【やり方：ストリートビュー閲覧中に左上の時計マークをクリック】

物件の全容を把握するには、現地での確認に勝るものはありませんが、ストリートビューで土地・建物の状況が把握できる物件であれば、活用しない手はありません。初期の検討にも関わらず、移動時間・交通費ゼロで外観・交通アプローチ・周辺状況から屋根までチェックできる。なんて便利な時代でしょう。

プロである不動産業者はもちろん、ライバルとなる投資家予備軍の方々も、このレベルのWeb活用は当然のようにしています。なお、スマートフォンでも同様に活用できますので、普段押したことがなかった検索窓左の三本線、ぜひタップしてみてください。

４・プロの公的評価チェック方法

物件の位置的なイメージと外観の把握ができたら、次は土地・建物についての公的評価の把握です。公的評価については、一般的に次のものがあります。

・路線価

国（国税庁）が毎年発表する「相続税路線価」です。相続、遺贈または贈与により取得した財産に係る相続税や贈与税の財産を評価する場合に適用されます。1月1日の評価時点で、発表は毎年7月1日。物件が接する前面（または最寄り）の路線価は、さまざまな金融機関において、評価の基になるケースも多いです。

・地価公示

公示地価・地価公示・公示価格等々、さまざまな表記がされますが、どれも言いたいことは同じです。国土交通省（国）が主体で「標準地」として定められたポイントを1月1日時点の（公示）価格について3月頃に発表されます。公共事業用地の取得価格の算定基準などに用いられます。

・地価調査

先の地価公示とほぼ近しいものですが、主体が都道府県であるのと、価格時点が7月1日であり、毎年9月に発表になる点が異なります。なお、地価調査の対象地は「基準地」と呼ばれます。標準地の表記なら公示、基準地なら地価調査という判別ができます。

・固定資産税評価

毎年の固定資産税の算定に用いられる評価です。先ほどまでのものと違って、「建物」についても評価額が出てきます。日本国内に土地・建物がある限り、基本的には評価額があって課税されるため、各物件（各土地・建物）について、個別の評価額が存在します。

どれも必要に応じて使われる指標ではありますが、（一棟物件において）まず見るべきは「相続税路線価」です。ほとんどの金融機関において、投資用一棟物件の融資では、参考にされないということはありません。そのチェックにおいて、よく不動産業者や不動産投資家に閲覧されているのは次の2つのサイトです。

・国税庁の「財産評価基準書　路線価図・評価倍率表」
(http://www.rosenka.nta.go.jp/)
・一般財団法人資産評価システム研究センターの「全国地価マップ」
(http://www.chikamap.jp/)

国税庁のＷｅｂサイトは年度の切り替わり時に最新情報の反映が早い点と、「地価マップ」より昔のデータも閲覧できるメリットがあります。しかしながら、目的箇所の路線価を把握するのに、「〇丁目」あたりの結果で表示されるＰＤＦから、地図《サイト》とにらめっこしながら探っていく面倒さがあります（スクロールができないので、画面切り替え）。

一方で、「全国地価マップ」は、遡れる年数はやや少ないものの、その検索方法について、住居表示からピンポイントで該当箇所を表示できる利便性があります。

スピード感が必要となる検討において、一般個人の方が活用するには「全国地価マップ」の方が使い勝手はいいでしょう。ただ、こちらのサイトを活用する際に、注意が必要なのが「固定資産税路線価」と「相続税路線価」の混同です。

固定資産税は市町村が、相続税は税務署（国税庁）が定めており、微妙に数字が異なるので、間違えると正しい物件評価ができません。金融機関や不動産業者が重きを置くのは「相続税路線価」です。

操作は簡単。地価マップのトップページにある掲載マップ一覧から、中央・ピンク色の「相続税路線価」から検索をかければＯＫです。

検索結果の地図上では路線価が存在する場所であれば「１５０Ｄ」等で表示されます。アルファベットは借地割合なので、土地が所有権の物件であれば、そこは無視。「平米当たり○千円」で表示されるため、数字の部分にゼロを３つ付けたものが、対象地の平米路線価となります（先の１５０Ｄなら、１平米15万円）。

その他、地価公示・地価調査を閲覧できるサイトとして「土地総合情報システム」もよく使われます（先の「全国地価マップ」でも閲覧できます）。

・土地総合情報システム

(http://www.land.mlit.go.jp/webland/)

また、公的評価と若干異なりますが、投資用不動産を扱う業者では、「ＴＡＳ－ＭＡＰ」（タスマップ）という評価サービスを導入していることも多いです。トヨタグループの株式会社タスが提供している法人・個人事業主対象のサービスで不動産評価アプリケーションですが、一部の金融機関（静岡銀行）では、このタスマップ評価を基準に、融資の割合や金利等を算出します。

・ＴＡＳ－ＭＡＰ

（http://www.tas-japan.com/）

つまるところ、プロの不動産営業マン・不動産投資家がこれらの公の評価を気に掛けるのは、融資が出るかどうかの判断材料になるからです。

「金融機関の評価待ち」で１週間、２週間と待たされてしまっては、そもそもの物件取得においてスピードで負けてしまいます。「融資が出る物件か否か」、その入口の判断を自分で即座にするためのチェックです。

なお、物件個別の「固定資産税評価（額）」については、Ｗｅｂ等で公開されているものではありません。毎年の固定資産税・都市計画税といったコスト面や登記費用の算出に使えるため、前向きに進めたい物件であれば売主・仲介業者等に評価証明書や公租公課証明書・納税通知書や納付書の写しなどを手配してもらえばいいでしょう。

また、路線価が定められていないエリア（倍率地域）において路線価代わりの評価を算出するのに必要なため、検討の入口で開示してもらいましょう。

5・プロのマーケット相場把握方法

公的評価に対してある意味「民的評価」とも言えるのが、実際のマーケットにおける取引（されるであろう）価格です。

不動産投資において、把握しておきたい相場は、次の2つ。

・賃貸マーケット相場
・売買マーケット相場

これらはどちらも蔑《ないがし》ろにはできません。そもそも入居者が付かなければ、毎月のインカムゲインは見込めませんし、物件の売買金額も表面利回りから逆算することで形成されるので「いくらの家賃なら入居するか」という賃貸マーケットの見極めは重要です。

また、併せて「いくらなら売れるか」という、売買マーケットを把握することで、売却時の出口戦略における予想にブレが少なくなります。

それでは、まずプロもやる「賃貸マーケット相場」の把握方法です。

プロ向けのＷｅｂサイトとしては、「レインズ」とat homeが提供している「ＡＴＢＢ」というサイトがあるのですが、一般個人では利用できません。

ただし、これらのサイトに頼りきりというわけではなく、複数の選択肢があるうちの１つとして使うというレベルなので、安心してください。

これらのサイトは「募集事例」だけでなく、「成約事例」が見られるのも特異な点ですが、賃貸においては募集と成約の差は大きくありません（※ＡＴＢＢでは店舗・事務所などの募集・成約事例を見ることができるため、テナント物件の坪単価などを把握したい場合は特に有効）。

賃貸マーケット相場の把握だけであれば、よくある不動産賃貸のポータルサイトで充分。よく活用されるものとしては、「ＳＵＵＭＯ」「Home's」「at home」等の大手どころが多いです。

これらのサイトを活用し、自分が購入を検討している物件について、「賃料」のみをブランクにし、似たような条件（立地・駅距離・面積・間取り・築年数・バストイレ別等）で検索をすることで、実際に募集されている賃料と不動産業者（売主やブッモト）が作成したレントロールにある賃料とが適正かをチェックします。

基本的には、最寄駅と駅からの距離（徒歩○分以内）で絞り込むのがセオリーではありますが、複数の路線・駅を利用できたり、「一番近い駅はこっちだけど、ここに住む人は大抵あっちの駅からバスなんだよなぁ、どうやって検索掛けたらいいのだろう」とか、どこの駅からも微妙な位置だったりするケースでは、地域名で絞り込んでみるのも1つの手です。

これをやるには、特にSUUMOだと「○○市」のチェック後に「チェックした市区郡の町名を絞り込む」というボタンがあり、比較的狭いエリアでの条件検索ができるため、より類似性の高い賃貸物件と比較検討することができます。

表示された検索結果を「賃料（+管理費）が安い順」で並び替えます。この検索結果のページの上部（印刷した時の1~2枚目等）での賃料帯であれば、「手堅く入居があるのではないか?」という予想ができます。

もちろん、建物全体の状態や、室内のリフォームの程度によって、家賃に差が生じるのは当たり前です。ここで把握したいのは、空室が発生した（もしくは元々ある）場合に、どのくらいの修繕で、どのくらいの賃料だったら絶対に入るのか、綺麗にすればどの程度まで見込めるのか。ライバルを知ることから、この「アタリ」を付ける作業です。

また、「即時転売」を目論む不動産業者であれば、ここまでの把握で一旦完了でもいいのですが、ある程度の期間、中長期の保有を見据える不動産投資家であれば、もうひと手間を掛けるべきです。

そのひと手間は「築年数」を変更しての検索です。それ以外は変更なしで構いません。建物は1日1日と古くなっていきます。実用に耐えるのは前提としても、賃貸マーケットでの顧客からの見映えは徐々に悪くなるものです。

現在が新築や築浅の建物であれば、築年数の縛りを「５年以内や10年以内」、現在が築20年等の建物であれば、築年数の縛りを「指定しない」等にして、再度検索を実行します。これを行うことで、５年後、10年後、30年後等、築年数が経過した際に、そのエリアのその間取りでどのくらいの賃料が見込めるか、簡易的に把握することができます。

日本の賃貸住宅の賃料は、世界経済や融資の影響などを受けにくいものの、築年数の経過や設備の陳腐化は直接的に影響してきます。５年後、10年後に買った時と同じ表面利回りで売却できるようなエリアであったとしても、その時の「そもそもの賃料収入がどのくらいになっているか」の見込みが甘くては、見誤ってしまいます。

なお顧客に提示するわけではなく、自分で簡単に賃貸相場をチェックするだけなら、iPhone・iPad・Androidなどに対応している賃貸ポータルサイトを「横断的に検索できるアプリ」なども あるので、活用してみるのもいいでしょう。

・@nifty 不動産アプリ
（http://myhome.nifty.com/apps/）

不動産業者が適当に入力した満室想定のレントロールを鵜呑みにするのではなく、最低でも一度は賃貸募集のポータルサイトでセルフチェックするべきです。これらのＷｅｂ検索で、「アタリ」を付けたうえで、さらに物件近隣や同じ駅周辺の不動産賃貸業者にヒアリングまですればパーフェクト。

もし、具体的な検討物件がないけれど、練習してみたいという場合は、一旦自分が今住んでいる条件を入れて検索してみるといいでしょう。持家の人なら「あぁ、借りるとやっぱり相当するんだなぁ」とか、賃貸の人なら「あれ、近くでこんなに安いとこあるの？　引っ越そうか」といった思わぬ展開もあるかもしれません。

それでは次に「売買マーケット相場」の把握方法です。

ここでは「いくらなら売れる」から「いくらなら購入に適正か」という根拠を自分なりに把握することが目的です。

具体的なやり方は、賃貸マーケットの相場把握に近い手順です。

まず「投資用収益不動産」のポータルサイトで自分が検討したい物件に近いものを「利回り」をブランクにして、地域・種別・築年数などから、絞り込んでいきます。「楽待」「健美家」「不動産投資連合隊」などは、不動産業者にも活用されるＷｅｂサイトです。

ここから、検索結果について「利回りの高い順」または「利回りの低い順」でソートすることで、比較的類似性の高い投資用物件の販売事例について、大まかな利回り感・販売に適した価格帯をチェックすることができます。

ただし、不動産の売買においては、価格の交渉が入ることが日常茶飯事なので、ここで表示されるのは「売りに出している金額」であって、成約するであろう価格は少し割り引いてイメージする必要があります。

上記のポータルサイトでは、色々な不動産仲介業者が同一の物件を掲載しているケースも散見されるため、逆に「重複が多くて見づらい！」という場合、「ノムコムプロ」などの特定仲介業者の検索結果を見るのも一手です。

また、一棟物件においては、「土地値」の把握も見逃せない項目です。土地が残るという強みがあるのは言うまでもないですが、その土地がいくらで取引されるのか、この相場を把握しておく必要があります。

テクニックはいくつかありますが、一般個人でも使いやすいのは、先の「公的評価チェック方法」でも出てきた「土地総合情報システム」(http://www.land.mlit.go.jp/webland/)。このサイトで不動産取引価格情報検索から、町名までの括りと商業地・住宅地の分類、坪単価・平米単価まで把握することができます。なお、国土交通省による取引のアンケート結果が反映されているため、ある程度の信憑性があります。

土地総合情報システムで当該エリアの検索が出てこない場合などは、「SUUMO」や「Home's」で売買から、収益不動産ではなく「土地を探す」といった検索をすることで、販売中の事例から、表示された土地の大きさと坪数を割ることで坪単価を把握することができます。

ここに挙げたマーケット相場の把握方法については、比較的簡単なものです。不動産の鑑定評価を実施して顧客に提出するわけでもなく、自分が納得できる数字の根拠を醸成するための作業ですから、厳密に行う必要はありません。

簡単に言ってしまえば、

・隣のアパートは敷金・礼金1ヶ月で、5万円の賃料で募集されている
・同じ駅を利用する一棟マンションは少し古いが表面利回り8%で販売中
・同じ町内、似たような道路に面した土地が坪100万円

このような情報を見て、それならば「自分が検討している物件」は、

・これくらいで貸せて
・将来的にもこれくらいの利回り感で売買ができそう
・更地にした時でもこれくらいの価値はありそうだ

という雰囲気を掴むということです。これが相場の把握です。

6・プロの土地と接道の確認方法

一棟物件においては、敷地の形と接道は見逃せない重要な部分です。プロが土地を軽視しないのは、主に次の3つの理由からです。

①購入、売却時共に、金融機関の融資評価に影響する
②将来的な売却（出口戦略）時に売買価格に影響する
③将来再建築する際に、建築できる建物に影響する

賃貸のリーシング面においては、地形や道路付けはあまり関係ありません。それよりも駅の近さや室内の間取りや修繕の度合いのほうが、賃料収入に直接的に影響します。反面、一棟物件の「売買」においては、その価格を構成する大きな要素となります。

特に見るべきは、敷地が接する前面道路の「幅員」と、道路に接している部分の「間口」（長さ）です。端的に言えば、道路が4m未満と狭ければ、建替え等の際に拡幅のために土地が減る（道路後退する）可能性があります（道路種別やセットバックラインによって異なります）。

また、木造の築古アパート等は、将来的に解体して更地とし、住宅用地として売却するといった出口戦略もありますが、車が進入できない道路付けである場合などは、その選択肢が狭まります。併せて、間口の長さによっては、共同住宅の建築が制限され、２ｍを切るような形であれば、再建築不可であるケースもあります。

特に一棟アパートや長屋（テラスハウス）等は、普通の戸建を建築しにくい「敷地延長」と呼ばれる旗竿型の土地に建てられるケースも多いため、問題のない土地かどうかの事前チェックは重要です。まずはチェック方法をご紹介します。使う道具と確認するべき資料は次のものです。

・三角スケール

不動産業者だと一本は持っている必須ツール。通称「三スケ」。各面に１００分の１や５００分の１など、縮尺ごとに目盛が付いているので、地図の縮尺に合わせてスケールを当てるだけで、「現実で大体何ｍあるのかが分かる」というアナログ機器です。

１０００円前後で充分なクオリティのものが売っているので、本気で不動産関連に取り組むなら是非購入してください。検討物件のない平時もグリップのいい定規として線が引けます。

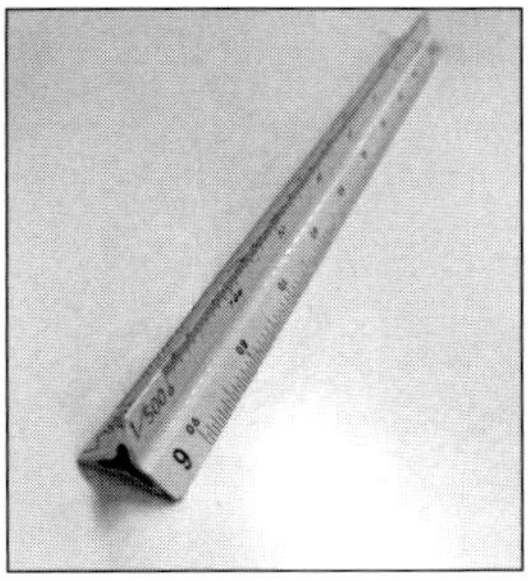

・**公図**

法務局にある、地番が記載されている地図のようなもの。次の測量図ほど正確な記載ではありませんが、意外といい精度をしていることもあるので、まずはこれで簡易チェック。拡大・縮小されてしまうと、縮尺が狂うので、三角スケールを使う際には要注意。

・**地積測量図**

隣接する土地所有者の押印を得た確定測量図の他、とりあえず図った現況測量図があります。これらがあると、ほぼ明確に接道面の長さや敷地の形が明確になります。昭和以前など古すぎると精度に難ありです。

・**道路台帳平面図**

前面の道路が公道の時にはこれが出てきます。市役所等で取得できるこの資料で、道路の幅員（太さ）が分かります。

・**位置指定道路図**

前面の道路が私道かつ位置指定道路に指定されているときに出てきます。突き当り道路でよく指定があるので、幅員のチェックと併せて奥行きも「届いているか」確認します。

・建築計画概要書

前面道路の確認において、特に見たいのはこの資料の裏面の配置図。建築時に「どういう道路付けの認識で成立しているのか」がここを見ればほぼ一発で分かります。ただし、役所によって一定時期より昔のものは確認できない等、必ずしも見ることができるとは限らないのが玉に瑕《きず》。今現在の状況と、この概要書の記載に差異がなければ、概ね問題ありません。

不動産業者としてプロが確認する流れは、これらの資料を見たうえで、最後は「現地でのメジャー当て」です。ここまでやると、もう不動産業者そのもの。不動産投資家として、スピード感を持った判断をするには「同規模の建物が問題なく再建築できますよね？」という確認を仲介業者や売主の不動産業者に念押ししながら、これらの資料を調達・開示してもらうのがベターです。

ここまで書いてきたのは、つまるところ「再建築ができるかどうか、土地が道路で減ったりしないか」ということを確認したいということなのですが、再建築ができない＝即ＮＧというものではありません。もし再建築に難があるならば、「それ相応の金額での取得ができるかどうか」という見極めになってきます。

7・プロの建物簡易チェック

ここでは「建物」の机上、というか、紙とPC上での簡単精査方法をご紹介します。机上の建物チェックで欲しい資料関係は次のものです。

・物件概要書 or 販売図面
・法務局資料
・建物の登記簿謄本（現在事項全部証明書）
・各階平面図・建物図面
・修繕履歴
・間取図（一棟物件なら各フロア全体の間取平面図）
・賃貸の募集図面

まずは概要書に記載されている内容と、謄本とに相違がないか、セルフチェックします。特に構造において「鉄骨造」と「軽量鉄骨造」が混同されていたりすることもあるので、不動産業者の作る概要（販売図面）を鵜呑みにするのは危険です（法定耐用年数や強度が別物）。

また、築年数と見た目がリンクしているか、謄本記載の築年月をチェック。築年数が20～30年と経過している割に見映えがよければ「修繕を実施している」というのが分かります。

修繕の履歴で大切なのは、室内の細かいところではなく「建物の外壁や屋上、共用部の大きな修繕をやっているか＆いつやったのか」です。ここも把握できると、購入後の大きな修繕をいつ頃やるべきかという部分に繋がります。

そして、賃貸の訴求力にダイレクトに影響してくるのが間取りです。法務局関係の資料には、「建物図面・各階平面図」という名称のものがありますが、これは各階の登記簿に記載された面積がどのように求められているかが記載されただけのものです。部屋の数やトイレや洗面がどこにあるか等は判断できません。

意外かもしれませんが、実のところ公的資料として役所に備え付けられるような「各戸の間取図」は存在しないのです。区分の分譲マンションにおいては、「at home」や「東京カンテイ」のサービスとして分譲時パンフレットのダウンロード販売なども存在しますが、一棟物件においては、建築時の設計資料（設計図書や青図とも呼ばれます）を建築・設計した業者か物件所有者が保管しているか否かが重要です。

ただし、ここではあくまで簡易チェック。「融資でどうしても厳密な図面が必要」というわけでなければ、リーシングで使われた募集図面やWebの賃貸ポータルサイトに掲載されている当該物件の部屋から流用して把握できれば構いません。

仮に、謄本だけが手元にあった（または登記情報サービスから取得した）という場合ならば、そこには各フロアの面積が記載されています。全部足せば全体の延床面積が分かります。そして、賃貸の募集図面や「HOME'S不動産アーカイブ」（http://www.homes.co.jp/archive/）、またはストリートビュー等から「総戸数」の当たりが付けば、あとは割り算です。これで大まかな各戸の平米数、広さがイメージできます。

それでは、実際の間取図が分かったとして、ポイントは次の3点です。

・3LDK等のファミリータイプなのか、単身者向けのワンルームや1LDKなのか
・バス、トイレ別の間取りか、それとも3点ユニットなのか
・洗濯機置場が室内にあるか

ファミリーに適した間取りか、それとも単身者に適した間取りか、どちらが「いいか」ではなく、そのエリアに対して需要があるかどうかを見極めることが大切です。

また、時代の流れとしては、室内に洗濯機置場（防水パン）があって、独立洗面台（シャンプードレッサー）などがあるような、広々とした１ＬＤＫの受けがいいです。反面、不動産オーナーとしては、１戸当たりは狭くても、たくさん部屋数があった方が、トータルでの収益が上がる傾向があるため、その検討する物件がどちらの方向性なのかは見極める必要があります（その究極がシェアハウス）。

バス・トイレ（＋洗面）が一緒になった「３点ユニット」と呼ばれる間取りは、どちらかというと人気が陰り気味。

同じ場所に「広々１ＬＤＫ」と「狭小3点ユニットワンルーム」があれば、空室期間や賃料の差というところでその優劣は明確です。

しかしながら、駅に近い・都心部の人が集まる場所にある等、立地の優位性がある物件においては、間取りの弱さを立地がカバーしてくれるケースもあります。

また、間取りが理想的なものでなかったとしても、室内に洗濯機置場を新たに付設する、浴室とトイレを分ける、ワンルーム２戸を繋げて広くする等、リノベーションで改善できる場合もあります。当然費用が掛かるため、そのコストを鑑《かんが》みて購入価格に反映できるようであれば、充分に検討の余地があります。

8・プロの簡易遵法性チェック

「遵法性」というと固い響きですが、現行の法律に則って建築・運用されているかというチェックをします。

この項目についても、分譲タイプの区分マンション等は、露骨な違反建築というのはあまり見かけないため、主に一棟物件における注意点として認識していただければ構いません。

ちなみに三井不動産の分譲マンションで「杭不足」と話題になった「パークシティ LaLa 横浜」は、データそのものを改ざんされてプロも住人も役所までをも騙しに掛けたものです。注意したところで、建築のプロであれば何とかなるかもしれませんが「不動産投資のプロ」レベルでは、正直なところ判別できません。

また、一棟物件では、2018年5月にテレビ東京「ガイアの夜明け」の放映で話題となった「レオパレス21の界壁問題」も記憶に新しいところです。こちらも図面と現況とが異なっていて、現況を確認するには天井に穴を開けないと判別が付かない状況でした。購入を検討するサイドとしては、新築の建築中物件であれば、「界壁ないよね？」と指摘できるかもしれませんが、既に賃借人の入った中古物件の場合、事前に確認する術《すべ》がありません。分からないことに時間を割くのは無駄なので、分かりやすい部分に注力しましょう。

不動産（&投資）のプロ達が、まず注目するのは「建ぺい率」と「容積率」です。繰り返しになりますが、建ぺい率は土地を上空から見下ろした時に建てられる建築面積（よく水平投影面積と言われます）です。

そして、容積率は土地に対する延床面積の割合です。建ぺい率60％、容積率２００％、「土地の大きさが１００㎡（平米）」であれば、各フロアの最大面積は60㎡、延床面積は合計２００㎡までの建物が原則は最大値となります。

計算方法は次の通りです。

建ぺい率＝建築面積÷敷地面積
容積率＝延床面積÷敷地面積

この建ぺい率・容積率の制限は用途地域（商業地域や第1種住居地域等）によって定められています。低層の住宅が多いエリアでは、戸建てや2階建てのアパート、駅前の商業地では、階数の高いビルや上に細長いマンション、といった形で1つのエリアで似た規模の建物が建つ傾向はこれによるところです。

「建ぺい率・容積率の制限値にその物件の建物は大きさが収まっているか」、パッと見の判断についてては、土地・建物の大きさが分かればすぐに分かるため、金融機関の担当者も「そこだけ」はよく確認する項目となっています。

実際には、これ以外にも日影の規制や消防法等、さまざまな建築に関する「規制」と、駐車場部分や共用廊下など容積率の不算入等、「緩和」措置とを適用して明確になります。

そのため、単純な割り算の簡易チェックで建物の大きさが規定より若干オーバーしていても、緩和措置の適用で問題のないケースも多々あります。

反面、露骨に建ぺい率・容積率を超過している場合には、建築後に土地の一部を切り売りしたり、本来は車庫で容積率の不算入を受けているにも関わらず、後から事務所や住居に改装したりするなど、悪意を持った違反建築状態になっているケースも散見されます。

こういった建ぺい率・容積率がオーバーした物件は、本来建築できる大きさ以上の建物が建築されているケースが多いため、当然賃料収入も多くなり、利回り面では目を引くものの、金融機関としては、原則的には違法な状態の建築物に融資を出すのを懸念するため「融資が組みづらい

＝売買しにくい物件」となりかねません。

また、併せて前面道路についても、最低限「建築できる道路付けか」という部分は確認が必要です。接道の間口（長さ）において、２ｍを切ると原則住宅等の建物を建築することはできません。特に、アパートやマンションは「特殊建築物」に該当するため、都道府県の安全条例等によって、より厳しい制限が設けられています（「共同住宅は路地上部分のみによって道路に接する敷地に建築してはならない」等）。１１２ページの「プロの土地と接道の確認方法」を参考に対象物件の接道がまともであるか確認しておきましょう。

なお、建ぺい率・容積率や、この道路付けの制限は、いずれも火災発生時等における避難を目的としたものです。万一火災等の際に、建築基準法等に違反した状態であったために、逃げ遅れた人が出た場合などは、その状態を放置していた不動産オーナーは責任を問われかねません。

遵法性に問題がない物件を検討するのがセオリーではありますが、違反建築物（もしくは若干グレーな物件）は即ＮＧというわけではありません。

金融機関の融資が付きにくくとも、現金購入できる人であれば、関係ありません。また、建物部分のみが違反建築状態（容積率オーバー等）の際には、部分的に改築して適合させたり、将来的に適法なものを建築したりするなどして、違反状態を改善すれば、通常の収益物件となります。

また、道路付け等、土地部分が原因で違反状態となっている物件においても、隣接する土地を取得するなどして、改善ができると「大化け」した優良案件となるケースもあり得ます。これはプロでも簡単ではありませんが、その「画」をイメージし、どのくらいの実現性があるか想像してみることは有効です。

極端な例ですが、「新宿」駅から徒歩10分、接道面から再建築不可となっている築40年の木造アパートがあったとして「違反だから売れないか？」というと、決してそんなことはありません。不動産投資のプロ達は次のように考えます。

・賃貸需要があるのは間違いない
・30年後は分からないが、あと5年くらいはそのままでも稼動しそう
・再開発用地として、デベロッパーの地上げが期待できるかもしれない
・隣接地を一部取得できれば再建築が可能になる
・隣接地の所有者は、この土地を欲しがるかもしれない
・将来的に自転車置き場やバイク置場、トランクルームには代用できるかもしれない
・利回り20％で買えれば、5年間でモトは取れる
・利回り15％もあれば、現在の相場なら誰かが買いそうだ

このように、リスクとリターンを比較して、プラスに働くようであれば、投資する意味があります。あとは、そのリスクを飲みこんでも構わない価格帯（利回り感）で購入ができるかどうかです。

あらかじめ遵法性違反があるという認識で、それに適した金額で物件を取得するのであれば一向に構いません。このちょっとした知識がないことによって「普通の金額で普通の物件として」購入し、あとから違反建築であったと分かることだけは避けたいところです。

9・プロの賃貸状況チェック

賃貸状況を確認するために、まず取得したい資料は「レントロール」と呼ばれる賃料の一覧表です。戸建賃貸や区分ワンルームの1室であれば、賃貸借契約書そのものを1世帯分、じっくりと読みこめばすむ話ではありますが、戸数が10戸、50戸、100戸のような規模の一棟物件になってくると、日が暮れる作業です。

検討の入口時点においては、賃貸の細かな文言が知りたいわけではなく、物件の収益力を客観的に把握したいだけです。数十ページにもわたる資料を読み取るのは、具体化してからでいいでしょう。レントロールから読み取るべき情報は次のものです。

・全体の戸数と賃貸中の戸数の把握

現況賃貸中の戸数÷全体戸数で「稼働率・空室率」が分かります。満室はもちろん嬉しいですが、空室があったからといってNGなわけではありません。なぜ空室なのか、空室理由は改善できる内容かを確認します。

・用途を確認

住居なのか、店舗なのか、事務所なのか。住居のリーシングは「プロのマーケット相場把握方法」のスキームで大きな外れなく賃料をイメージできるはず。ただし、店舗や事務所は通り一本で、相場が大きく異なるため、ここが空いているときは楽観視できない反面、高い賃料で貸せた際には収益性が大きく上がります。

・賃貸面積（間取り）を確認

シングル向けか、３ＤＫ等ファミリータイプか。シングル向けワンルームや１ＬＤＫの際は３点ユニットかバストイレ別か。「プロの建物簡易チェック」の項目で触れたような「間取り平面図」が入手できていなかったとしてもレントロールで戸数や各戸の平米数の記載があれば、そこからもイメージができるようになります。

・賃料（共益費）等収入を確認

レントロールで一番重要なのはここです。全体を俯瞰して、極端に高い・または安い賃料の部屋がないか、次の項目と併せてチェックします。間取り（部屋の広さ）が違って賃料が違うのは当然ですが、同じ広さで賃料だけが異なるのであれば、その理由は確認するべきでしょう。また、現況が空室の場合の募集家賃について、その見込みが甘くないかも見極めます。

物件によっては、水道代を入居者から徴収し、オーナーが支払っているケースもありますが、その水道代も「収入」としてかさ上げされていることもあるので要注意です。

・契約期間、入居時期

特段「長ければいい」というものではありません。他と比べて高めの賃料で入居している人がいた時は、「あぁ、昔から住んでいるから高い相場で入ってくれているんだな」と想像できます。また、比較的近い時期に入居のあった部屋が「いくらで決まっているか」によって、現在の空室箇所や、今後の入居者の入れ替わり後の家賃収入を手堅く見ることができます。

・敷金（保証金）

敷金が取れているのか、取れていたとして、継承できるかも確認。最近では募集競争から「敷金・礼金ゼロゼロ物件」としてリーシングする大家も少なくありません。近頃の入居においても、敷金がしっかりと取得できていれば、それはリーシングにおいて競争力のある物件かもしれません。

また、関東圏では、売却した旧オーナーから新しく取得した新オーナーに入居者から預けられている敷金を継承・承継することがほとんどです。ただ、関西エリアなどでは、返還債務のみを引き継ぐケースも多いため、取り扱いにも注意が必要です。

検討の入口時点においては、レントロールを中心にこのあたりまで把握できれば充分ですが、ある程度中長期で保有するのであれば、どのような賃借人が入居しているのかも知りたいところです。

いざ売買契約に進む段階までできた際には「賃貸借契約書」と「入居申込書」についても手配してもらいましょう。手元に届いたら、まずはレントロールと「賃貸借契約書」の賃料や共益費などに相違がないかを確認。契約書には通常賃貸借の期間が記載されていますが、それが有効か、更新書類があるかもチェック。

収入面は問題なかったとして、契約書には入居者や保証人の「氏名」は記載されるものの、ここで知っておきたい「何をしている人か」の情報がないケースが多いです。

それが書いてあるのが「入居申込書」。これには入居審査時点の概略が書いてあるため、勤務先や年齢等の「人となり」を把握することができます。

実際のところ、不動産業者というプロから見た際には、レントロールも存在しないくらい商品化前の、超水面下の案件のほうが、利回り的に美味しいケースが多かったりします。そんな時は、周辺相場などから無理やり予測してアタリを付けていく動きをします。

10・プロの現地確認テクニック

賃貸状況についても最終的なチェックは現地の確認に勝るものはありません。

これまでに触れた資料やWeb活用でも大枠のアリ・ナシの判断はできますが「現地の確認を疎かにしたまま契約書に押印」してしまうことは避けたいところです。粗い売り方をする営業担当者だと「株式投資をする時に株を買うその会社を見にいきますか？（行かないですよね？だから不動産も見にいく必要ないんですよ）」という人もいるそうですが、それはよくないですね。

購入した後に「一度見ていたら、こんな物件買わなかったのに」と後悔しても後の祭りです。そのため余程の事情がない限り、購入前の現地調査は自分自身で実施することをオススメします。その大事な現地調査ですが、これについては、大きく2つの観点から物件を見ていきます。

・入居者目線で見た時に魅力はあるか？
・売買対象の不動産として見た時に問題はないか？

これらを前提に分野別に「物件の見方」に触れていきます。

・交通面の状況

公共交通機関の利用が前提のエリアなら駅やバス停までの距離を、自家用車がメインのエリアであれば主要道路までのアクセスをチェック。駅まで徒歩距離の物件であれば一度自分で歩いてみるべきです。

勾配（坂）や踏切・道路の幅など、地図や図面からは読み取れない部分を確認して、入居者が嫌にならないかどうかを確かめます。特に神奈川方面は「駅５分」と書いてあっても、急傾斜地崩壊危険区域に指定されるほど道のりが階段だらけの物件も少なくありません。また、バス停が近くても本数や最終便が利用に耐えられるレベルでないと意味がありません。

・対象不動産の前面道路・接道状況

「道路台帳」や「建築計画概要書」「公図」などと現地の接道状況の整合性が取れているか確認します。

・境界・越境物の状況

境界を示す「杭」や「石」など「境界標」が存在するかをチェック。これがないと、どこからどこまでが対象不動産なのか不明です。

ただし、「ないから駄目」ということではなく、見当たらない場合には「売主にて測量・復元をしてもらえるのか」、それをしないなら「金額の相談ができるのか」といった交渉ができるのかを考えます。

また、境界が分かったとして、越境物の有無についても確認します。植栽（木や枝）、屋根の庇《ひさし》、アンテナや塀などについて越境している、または越境されているものがあると、融資の障害や売買後の隣地とのイザコザになりかねません。是正できるのか、隣地との覚書での対応ができるのかなど、現地調査の後に不動産業者に確認するための材料になります。

・建物の管理状況

建物の外観や屋根、屋上、共用部分の階段や鉄部の塗装状況などのチェックです。クラックなどの傷み具合や修繕の形跡を実際に見ることで、大規模修繕工事が今すぐ必要なのか、どのくらいの時期にどのくらいのお金が掛かりそうかなどの状況を把握します。

加えて、マンションやアパートの共用部、掲示板などに貼られた管理会社からの注意事項などにも目を通しましょう。入居者・近隣居住者に迷惑行為をする人がいる場合などはここで気づくケースもあったりします。

「タバコのポイ捨て禁止」「窓からゴミを投げ捨てないでください」「深夜は大きな音を立てないように」等の貼り紙が貼ってある場合は注意しましょう。何もなかったらワザワザ貼ることはしません。

また、エントランスやゴミ置き場、集合ポストや駐輪場などは、管理人・管理業者の定期的な清掃、維持管理状況が明確に見える場所です。ゴミが散乱している・清掃が足りていないという場合は、購入後の管理会社の変更を視野に入れる材料となります。

・入居状況

集合ポストを見るのが手っ取り早いです。使われていないポストとレントロールの空室が整合性が取れるか。ゆとりがあれば各戸の電気メーターやガスの元栓まで確認するとベターです。

・室内の状況（現在空室がある場合）

まずは間取図との整合性を確認。設計図書と実際の間取りが異なるケースはザラにあります。大事なのは、入居募集がすぐできる状況なのか、それとも賃貸物件として稼働させるまでにお金が掛かるのかをチェックすることです。

・物件の周辺環境のチェック

物件周辺のコンビニエンスストアなどの利便施設、大規模商業施設や大学などをチェック。地図でもアタリはつきますが、実際に行ってみたら「もう閉業・移転していた」ということもあり得ます。

そして、お墓や葬儀場等のいわゆる「嫌悪《けんお》施設」についても、その有無と「気になるか」の度合いをチェック。

勾配による水の溜まりやすさや、近隣での建築計画（更地看板）など、歩くことで見つかる情報も少なくありません。併せて、ライバルとなりそうなアパート・マンション等類似物件の空き状況などをカーテンの有無や集合ポストなどから俯瞰します。

単体の一棟のアパートだけ空室が多くてもそれはオーナーが募集をしていなかったり、高い家賃設定にしていたりと、個別のケースということもありますが、近場に点在する同レベルの物件に空室が多いようだと、そもそも賃貸の需要が少ない地域という可能性もあります。

また、最寄り駅と駅周辺のボリューム感についても、一度は見ておきましょう。利用者数はWebで調べればすぐに分かりますが、利用者の老若男女の割合や駅周辺にどのようなお店が多いのかなどを自分の目で見ることで、賃借人のターゲットが変わってきます。

加えて、同一エリアで検討物件が出てきた際に駅・住環境から攻めるか否かを判断するための素地になります。

どんな不動産にも一長一短があり「完璧な物件」はほとんど存在しませんが、現地を確認することで、リーシングや売買において紙ベースのデータだけでは分からない阻害要因がないか、あるならどうすれば改善できるのか、またお金で解決できるのかといった総合的に判断するための材料が集まります。

そんな現地確認の際には、二度手間を避けるため、積極的に写真撮影を行います。今どきの撮影ならばデジカメか、スマホで充分です。写真を撮りすぎて困ることはないので「あそこを確認し忘れた！」ということを避けるため、一度の現地確認でとにかく撮ります（焦点距離の問題があるので、なるべく広角のコンデジがオススメ）。

振り返る際に撮影した写真をサクサク見るだけで、修繕の必要項目を洗い出せるレベルが理想です。賃貸が満室等で稼働中の場合は室内まで見られないことが多いですが、それでも外観や共用部他、「見られるところはすべて見る、そして撮る」というのが現地確認のセオリーです。

11・プロは「買う前に売ることを考える」

「何％の利回りがあれば、『買い』なのか？」

これは、物件のポテンシャルはもちろん、その時々のマーケット状況によって変動するため、絶対的な数字はありません。

たとえ、パッと見の表面利回りが「5～6％」と低く見えても、それが銀座の一等地であれば安いかもしれませんし、郊外エリアであれば、通常ありえない今だけの高値の可能性もあります。

「不動産業者としてのプロ」たちは、日々収益物件に触れているため、肌感覚で「このエリアなら出口は○％くらいか、それなら仕入は○％以上だな」と経験値からくる勘を働かせています。

では、そこまで四六時中、投資対象のマーケット相場を把握できない「投資家側」としては、どうしたらいいでしょうか？

これについては、「マーケットレポート」の活用が有効です。Googleなどのｗｅｂ検索で、「不動産投資」「利回り」「マーケットレポート」などで検索すると、３ヶ月ごとなどのタームで作成されたレポートが見つけられます。

「健美家」や「楽待」、その他、みずほフィナンシャルグループのシンクタンク「都市未来総合研究所」のレポートなどを簡単に見ることができます。

ここでは、一例として健美家の四半期レポートを見てみましょう。

https://www.kenbiya.com/img/press/pre2018-07-09.pdf

（参考：健美家：収益物件　市場動向四半期レポート）

最初の方の全体サマリでは、区分マンション・一棟アパート・一棟マンションというカテゴリで、登録された全国エリアの表面利回りと価格の平均値が４半期（３ヶ月）ごとに１年前から記載されています（下図）。

後半の方では、主要都市ごとのデータ、折れ線グラフなどの記載があるため、直感的に上昇基調か下落基調かという部分を見て取れます。

次ページの図では、一棟マンションの利回りの推移と右端に最新

		2016年 4月～6月	2016年 7月～9月	2016年 10月～12月	2017年 1月～3月	2017年 4月～6月	2017年 7月～9月	2017年 10月～12月	2018年 1月～3月	2018年 4月～6月
区分 マンション	利回り（%）	7.72	7.88	7.83	7.34	7.06	7.71	7.71	7.71	7.69
	前期比	-0.17	0.16	-0.05	-0.49	-0.28	0.65	0.00	0.00	-0.02
	価格（万円）	1,416	1,374	1,393	1,493	1,550	1,456	1,492	1,481	1,424
	前期比	2.91%	-2.97%	1.38%	7.18%	3.82%	-6.06%	2.47%	-0.74%	-3.85%
一棟 アパート	利回り（%）	9.13	9.13	9.12	8.90	8.84	8.97	8.89	8.78	8.91
	前期比	-0.12	0.00	-0.01	-0.22	-0.06	0.13	-0.08	-0.11	0.13
	価格（万円）	5,919	5,938	6,212	6,487	6,505	6,513	6,591	6,882	6,740
	前期比	0.15%	0.32%	4.61%	4.43%	0.28%	0.12%	1.20%	4.42%	-2.06%
一棟 マンション	利回り（%）	8.14	8.08	8.09	8.05	7.95	8.07	8.08	7.97	8.06
	前期比	-0.11	-0.06	0.01	-0.04	-0.10	0.12	0.01	-0.11	0.09
	価格（万円）	15,076	15,364	15,573	15,664	15,879	15,588	16,434	16,222	16,329
	前期比	-0.36%	1.91%	1.36%	0.58%	1.37%	-1.83%	5.43%	-1.29%	0.66%

の平均値が地域ごとに記載されています。

東京23区で見てみると、今現在（２０１８年４－６月期）の平均値は「５・76％」。同じ表の左端にいくと、２００９年のデータがあり、そこで見ると「８・５％」付近でしょうか。

その差は２・74％ですが、仮に年間の賃料収入が１０００万円の一棟マンションがあれば、２０１８年現在は、約１億１７００万円、２００９年の相場であれば、約１億７３００万円。

実に５６００万円もの差となります。

こういった長期的な折れ線グラフを見ると、ついつい「10年前は利回り10％だった、そこまで利回りが上がってきたら参入しよう」などと考えたくなるのも分かります。

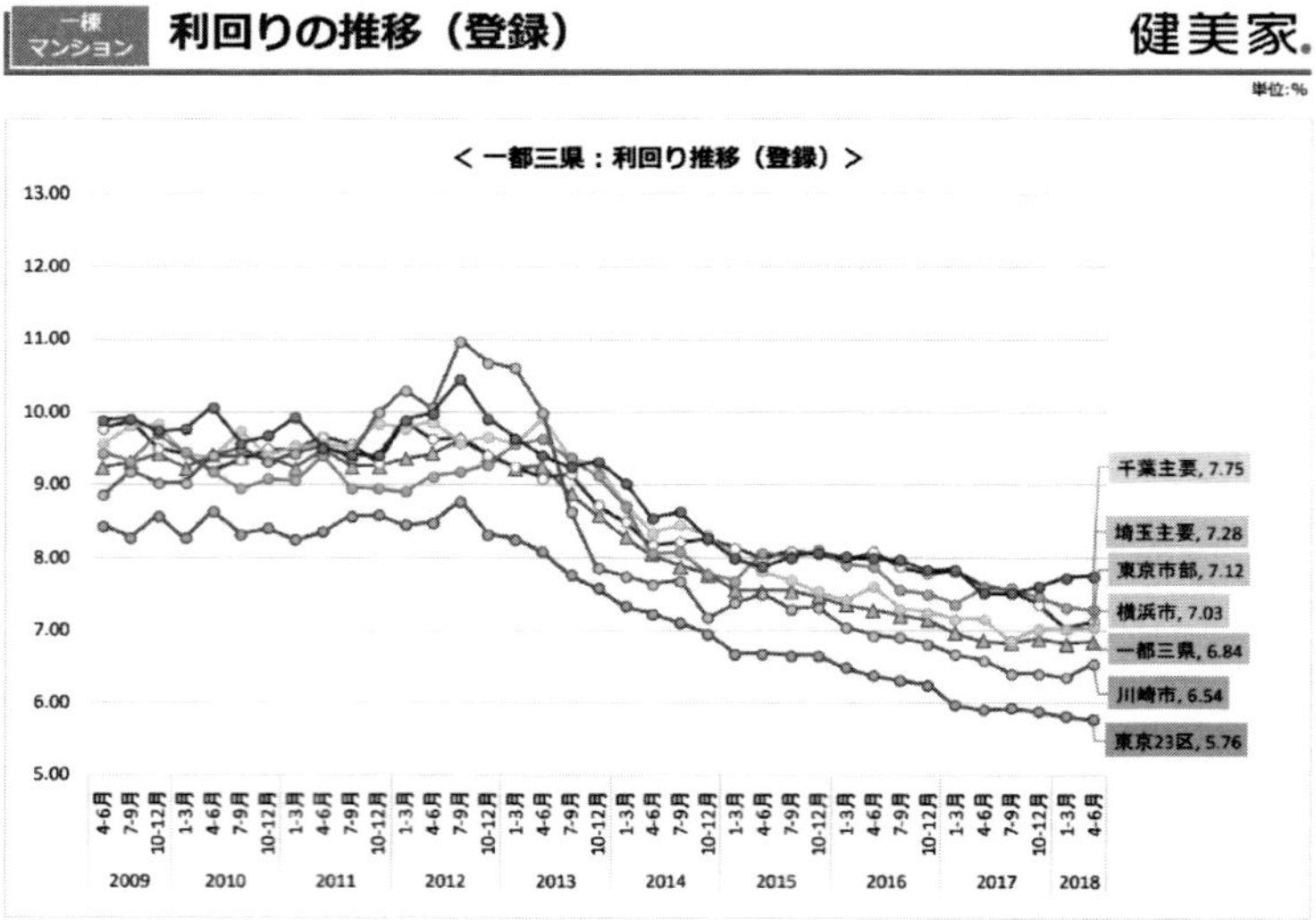

ただ、この考えに取り憑かれてしまうと、そもそも買えなくなるパターンが多いです。利回りが高く、物件価格が安くなる状況というのは、不動産に融資が付かない時に発生します。

現金購入できる資力がある人は、その「待ち」を好きなだけできます。しかしながら、融資を活用しなければ物件を購入できないのであれば、物件が安くなろうとも、それは絵に描いた餅です。

私の本職、プロの仕入業者であっても、「相場が落ち着くまで、とにかく待とう」とはしません。あくまで「その検討時点」におけるマーケットで、安いか高いか、購入の是非を判断します。

建物の法定耐用年数や個人の完済年齢も融資期間に影響するため、あまり長期間「待ち」をする間に、そもそも融資が組めなくなってしまうということもあり得ます。そして、購入するのは自宅用の物件とは異なり、収益を生み出す不動産ですから、早くスタートした人から毎月の賃料の積み上げが始まるため、相場が下がろうとも、インカムゲインでカバーできます。

購入検討時の利回りの目安としては、この「最新状況における地域・種類別の平均値」、ここよりは安く（利回りは高く）買うのが１つの指標になるでしょう。

ただ、検討している物件が、駅前のロータリーに面する立地であったり、駅から距離のある不人気エリアであったりするような場合は、この平均値の指標からケースバイケースで強弱を見出す必要があります。

また、「資産性がぶち抜けている物件ではあるが、利回りは低い」というケースもあるので、利回りだけがすべてではありません。「5000万円、利回り7%」と普通レベルでも更地になると1億円の実勢価格が見込める場合など、売却でのキャピタルゲインを狙う投資もあるため、利回りがすべてではないことも覚えておきましょう。

12・プロの運営コストチェック方法

どれだけ表面的な利回りが高くとも、経費が過大になってしまっては意味がありません。不動産投資においては、ランニングコストがまったく掛からないということはありませんので、購入是非の検討時には、この支出部分はしっかりと把握しておきたいところです。

物件保有中に掛かってくる運営コスト（Ｏｐｅｘ：オペックス）の内容としては、主に以下のようなものがあります。

・ＰＭ費用（プロパティマネジメント費用：家賃の収納代行等　全般の管理料）
・ＢＭ費用（ビルメンテナンス費用：建物自体の清掃や消防点検等のコスト等）
・町内会費やＣＡＴＶ、インターネットの提供費用等
・水道光熱費（廊下や階段の電気やゴミ置き場清掃の水栓等）
・固定資産税、都市計画税

これらは、本来であれば１つ１つ確認していきたい項目です。ＰＭ・ＢＭ費用であれば、委託

しようとしている管理会社から、水道光熱費などは、売主（現所有者）から平均値をヒアリング、固都税額については、納付書や評価・公課証明書等を取得します。区分マンションであれば、毎月強制的に発生する「管理費」「修繕積立金」も要チェック。

しかしながら、「真剣に検討する前段階」において、これらすべての裏を取ることまでは必要ありません。というより万全に開示されているようなケースは多くなく、契約前にようやく明確になってくることもよくあります。

そのため、検討の入口時点においては、規模や構造、築年数等を考慮しつつ、年間の賃料収入に対して次の係数で運営コスト（Ｏｐｅｘ）をイメージするほうが早いでしょう。

案件ごとに差も出てきますから、必ずしも該当するとは限りませんが、一棟アパート・一棟マンション等は以下のレンジ（範囲）に収まる傾向にあります。

・対象不動産の年間賃料収入に対しての年間運営コスト

（※シェアハウスなど特殊な案件は頻繁な清掃等で管理料が高額になるなど経費は増加傾向にある）

・【規模の小さな木造アパート等】

⇓10～15％前後

・【規模の小さな3～4階建ての鉄骨造一棟マンション等】
⇓15～20％前後
・【規模が大きめなエレベーター付の一棟マンション等】
⇓20～25％前後

一次検討の段階ではこれらから簡単にイメージが掴めれば構いません。その上で、「この物件アリかも！」という段階までくれば、売主さんや仲介業者にヒアリングや、エビデンス（根拠）資料を取得して、各項目を細かくチェック。

年間における支出が簡易計算のパーセンテージ付近に収まるようであれば、おそらくは適正値です。簡易計算との乖離が大きすぎる場合は、何か余計なコストが掛かっている可能性がありま す。

ただし、ここでは現状を把握することが第一であって、「コストが高い＝すぐさまＮＧ」ではありません。たとえ、現状では過大なコストが発生する項目があったとしても、改善することで削減を図れるコストであれば、思わぬ優良物件に生まれ変わるかもしれません。

大家として提供しているサービスであれば、インターネットの提供や清掃頻度（業者）、エレベーターメンテナンスの契約形態等で支出が変わってきます。また、そもそものＰＭ費用において、「管理会社を変更する」というのも分かりやすいコスト見直しの手段です。

ただし、「近隣の土地（駐車場）を借上げて、賃借人に提供している駐車場代」など、賃貸に不可欠で削減不可能な支出もあり得るので、購入前の見極めが大切です。

何かの支出項目で「あのサービスは切り替えれば安くなる」と甘く考えていたら「あれ？　切り替えできないってどういうこと？」という事態になることは避けたいところです。

13・プロのシミュレーション作成方法

物件取得後の収支の計画を練る際は、シミュレーションを作成し、実際に手元にどれくらいのお金が残るのか、毎月・毎年のキャッシュフローを予測します。次のような流れで考えると分かりやすいでしょう。

満室だといくら入って、
年間でどれくらい空室（期間）があって、
運営費がどれくらい必要で、
返済がいくらで、
キャッシュフローがどのくらい出るか？

鉛筆と電卓でも簡単なものは作成できますが、プロであれば表計算ソフト（エクセル等）や、専用シミュレーターを活用するのが一般的です。
「不動産投資」「シミュレーション」等で検索すると「楽待」のものや、有名不動産投資家が作成したもの、税理士の作ったものなど、いくつも出てきますので、使いやすいもので試してみると良いでしょう。

プロも活用する有料ソフトでは、「ＲＥＩＦＡ（リーファ）」がお勧めです。

・ＲＥＩＦＡ（リーファ）

（http://www.reifa.jp/）

1アカウント　3万9800円（2018年11月現在）となかなかのお値段ですが、入力項目も比較的少なく、ＩＲＲ（内部収益率）やＮＰＶ（正味現在価値）についても表示されるため、お手軽かつ全部入りとも言える内容です。

14日間の無料試用のＰＣ版がありますので「本格検討したい物件」が出てきた際には、試してみることをお勧めします。

自分の中で、1つ決まったシミュレーターがあると物件の数値的な良し悪しをある程度客観的に把握することができるため、比較検討が容易になります。

また、自分自身で作成しないまでも、検討物件の入口が投資用不動産の専門業者であれば、物件の紹介とほぼセットでシミュレーションが付いてきます。

ただし、自分で作るにしても、人に作ってもらうにしても、シミュレーションの作成には、大きな落とし穴があります。

それは、「作る人によって結果が異なる」という点です。入力項目を緩くすれば、超理想的なシミュレーション結果に落ち着きます。

仮に同一の物件であったとしても、「空室がいくらで入居するか」「入退去によってどうやって賃料が下落（上昇）していくか」という収入面の読みと、「どこの金融機関で、どんな条件で融資を受けるか」という支出面（の一部）を少し読み違えるだけで、まったく別物の投資案件が出来上がることになります。

収益計画・シミュレーションを作り込む際には、ある程度ストレスを掛けつつ、適度に緩く組み立てましょう。人に作ってもらう場合でも、「空室を○○万円にしたもので」とか、「○○銀行で組めるとして」等々、リクエストを盛り込んで複数パターン作成してもらうのもアリでしょう。

難しいところですが、ストレスを掛けすぎると、逆に現実に即しないシミュレーションとなり、購入できる物件が存在しなくなります。収益の計画は緩すぎず、厳しすぎず、的確に見る必要があります。

ここで専門用語になりますが、キャッシュフローの原理や用語について理解しておきましょう。

「毎月・毎年の『手残り』が大切だ」この手残り部分がキャッシュフローです。「何となく」で分かっている人は多いですが、プロ化を目指すのであれば、ここで用語と「キャッシュフローツリー」の概念は押さえておきましょう。Googleで検索すれば用語などはすぐに調べられる時代。丸暗記する必要はありません。本書では極力簡単化していきます。

キャッシュフローツリーというとカッコいいですが、要するに「最も稼動したとする売上から、ストレスを加え、そこから費用を差し引いて、返済を考慮し、手元に残るお金を考える」というだけのことです。

【GPI】（潜在総収入：理想的な満室想定の家賃収入年額）
簡単化：「家賃いくら入るの？」
↓
GPIに「空室率や滞納」などを加味してストレスを掛けて
【EGI】（実行総収入）を算出
簡単化：「空室になることも考えて」

←
ＥＧＩからＯｐｅｘ（運営費）を引いて
【ＮＯＩ】（営業純利益）を算出
簡単化：「運営コストも掛かるでしょ？　正味いくら残るの？」
←
ＮＯＩからＡＤＳ（年間元利金返済）を差し引いて
【ＢＴＣＦ】（税引前キャッシュフロー）を算出
簡単化：「ローン組むから返済もあるよね？　え？　これだけしか残らないの？」

ここでようやく（税引前の）キャッシュフローが見えてきます。

一般的にＣＦ（キャッシュフロー）というと、これを意味します。

毎月の手残りとなるキャッシュフローはこのような形で算出します。横文字が並ぶと難しく見えますが、やっている内容は大したことではなく、物件資料と電卓、iPhone のメモでもあれば充分できてしまうものです。

不動産業者から提示されるシミュレーションなどは概ねこれらの項目から「毎月○○円のお金

が入ってくる（良い）物件です」という形でお勧めされます。ただ、プロとしては、他人が作ったシミュレーションや提示されるキャッシュフローを鵜呑みにせず、根本のＧＰＩのところから、自分でチェックするべきです。

先程のものに加えて、シミュレーションでよく使われる指標と用語を解説しておきます。

・ＧＰＩ（潜在総収入）：理想的な賃料収入の総額（年額）。
・ＥＧＩ（実行総収入）：ＧＰＩから空室や滞納損といったストレスを差し引いたもの。
・Ｏｐｅｘ（運営費）：オペックスと読みます。共用部分の電気・水道等運営費、固定資産税・都市計画税等、ランニングコストです。
・ＣＡＰＥｘ（資本的支出）：キャペックスまたはカペックスと呼ばれます。「大規模修繕」と言えば分かりやすいです。
・ＮＯＩ（準営業収益）：ＥＧＩから運営費（Ｏｐｅｘ）を引いたもの。ネット収入。
・ＡＤＳ（年間元利金返済額）：年間の返済総額。元金も金利もコミコミ。
・キャッシュフロー：ＮＯＩ（ネット収入）から年間返済総額を引いたものです。頭に何も付けずに「キャッシュフロー（ＣＦ）」と書いてあれば、税引前の手残りを指します。
・ＢＴＣＦ：前記と同義語。税引前キャッシュフロー（Before Tax Cashflow：ビフォアー・タックス・キャッシュフロー）です。
・ＡＴＣＦ：税引き後キャッシュフロー、（After Tax CashFlow：アフター・タックス・キャッシュフロー）です。
・ＦＣＲ（総収益率）：ＮＯＩ÷投資総額
投下した資本がどれだけ利益を生むかという物件の投資効率の指標。
・Ｋ％（ローン定数）：年間元利金返済（ＡＤＳ）÷借入総額
「融資の調達コスト」を露わにする指標です。融資利用の場合、ついつい金利に目が行きがちですが、融資期間によって、返済額は大きく変わります。
・ＥＧ（イールドギャップ）：ＦＣＲ－Ｋ％
物件の表面利回りと借入れ金利の差を「勘違い」されている方がものすごく多いので注意。実質的な利回りから、期間を考慮した返済を差し引いてみるイメージです。イールドギャップがプラスになる物件であれば、その融資は効果的に使われていることが分かります。イールドギャップがマイナスになるものは、原則投資とは呼べません。最低限の投資判断材料です。
・ＣＣＲ（自己資本配当率）：ＢＴＣＦ（税引前キャッシュフロー）÷自己資金（実際に投入した資金）
キャッシュ・オン・キャッシュリターンのことで、シーシーアールとそのまま読みます。

諸々差し引いた、キャッシュフローを実際に投入した現金で割ることで、投資効率が分かります。

毎月20万円・年額240万円のキャッシュフローが出る物件があったとして、自己資金1000万円、その他をローンで引っ張っていれば、CCR24%となります。銀行に寝かしておくとほとんど増えない1000万円が、年間で24%増えていくというイメージ。ただし、オーバーローンなど『自己資金0』で購入するパターンだと役に立たない指標です。
・PB（資金回収期間）：自己資金額÷キャッシュフロー（CF）
ペイバックと読みます。投下した自己資金が何年で回収できるか、という指標。
例）毎月20万円（年額240万円）のCFがある物件に1000万円を投入した場合、
　1000万円÷240万円＝4・16、「4年ちょっとで回収できるな」、という使い方。
実は、式の項目自体CCRと同じ。「CCRが100%（＝1）を超える年数」ともいえます。
・BER（損益分岐入居率）：（OPEx＋ADS）÷GPI
横文字が並んでわかりにくいと思いますが、要は、出るもの（運営費と返済）÷入るもの（満室想定賃料）です。空室率をどのくらいまで許容できるかの指標です。

（例）「5万円×6戸、月額30万円の賃料（売上）が入るものの、運営費で5万、返済で20万だと2室出たらアウトになる」

この部分をパッと判断するためのもの。

・ＤＣＲ（借入金償還余裕率）：ＮＯＩ（実行総収入）÷ＡＤＳ（年間元利金返済）

年間の返済額に対する、純営業収益の比率。ＤＣＲが大きいほど、返済の確実性が高くなります。

・ＩＲＲ（内部収益率）：「買ってから売るまでの収益を複利定期預金に換算したら何％相当か」（玉川陽介氏のＷｅｂサイト：http://cpx.co.jp/articles/024/）より引用）。この表現が一番分かりやすかったため、引用致しました。複利の計算になるため、ここでは雰囲気だけ。

・ＮＰＶ（正味現在価値）：増加した正味金額を現在の価値に補正したものです。前提にあるのは、「今日手元にある１０００万円と1年後の１０００万円とは価値が異なる（預金しとけば金利が付く）」という金融の概念。ＮＰＶが0より大きければ、その投資は実行する価値があると言えます。

厳密な意味ではありませんが、ＩＲＲとＮＰＶのサワリとしては、

・ＩＲＲは投資案件の平均利回り⇓（だから借入れ金利より上回っていればアリ）

・ＮＰＶは投資案件の最終的な儲け⇓（だから0より上ならアリ）

というイメージができれば、とりあえずＯＫです。

第４章
プロが見た物件種別メリット・デメリット

1・扱う物件によって投資の難易度は変わる

実需（自分の住むために買う家）における話のネタとしては「戸建派かマンション派か」などというものがありますが、「不動産投資」という観点からは「その物件が安いかどうか」、結論から言ってしまえば「儲かるかどうか」が大切です。

極論、そこの判断ですから「区分マンションはダメ」「一棟物件はリスクがあってダメ」といったように特定の物件種別が絶対的によくないということはありません。

しかしながら、物件種別によって、特性と難易度が大きく異なってくるため、どちらかというと得意分野に特化しているプレーヤーが多い印象です。

物件のカテゴリが変わると、融資付けや出口顧客が変わってくるため、不動産業者のほうが各物件種別には固執しています。

逆に個々人での戦略・意思決定ができる分、慣れている個人投資家のほうが物件種別についてはは柔軟性が高く、あれこれとチャレンジすることができます。

プロから見た物件種別と難易度を簡単に表にまとめてみました。

ステージ	物件種別	難易度
属性：低	中古戸建・中古区分1R	易
属性：中	一棟アパート・一棟マンション	普
属性：高	一棟ビル・区分店舗・倉庫等	難

ここで言うステージとは「不動産投資の熟練度」＋「金融機関から見た属性（金持ち度）」＋「リスク許容度」という要素を合わせて考えたものです。難易度については、物件の運営面と購入に対してのファイナンス面を考慮して分類しています。

自分の属性面のステージがどこにあるかを意識して、不動産投資レベルに合った物件に詳しくなるのが近道です。当面買う予定のない（自分が買えない）物件のカテゴリは後回しで構いません。

1つの物件を「買って・持って・売って」と自分の成功体験をブラッシュアップしながら、インカム・キャピタルのゲインを積み上げてステージを上げていくのが理想です。

いざ投資用物件を購入すると、物件の種別によって、濃さは違えども、業者とのやり取りや、金融機関の開拓、リーシングや修繕スキルなど、自然と経験を積むことになります。併せて、毎月の賃料収入、場合によっては売却益を得ることで、より大きな物件や、修繕費用が大きい案件、賃貸の募集期間が読みにくい物件等にもチャレンジすることができるようになります。

必ずしも、規模が大きい物件、難易度が高い物件を買わなくても構いません。ただ、「買うことができる選択肢を手に入れる」ことが不動産投資の拡大・不動産投資家としての成長に繋がるのは間違いありません。

次の項目から、各物件種別の特性・傾向について触れていきます。

2・プロから見た「投資用」戸建てとマンションの違い

最もローリスクかつ、ある程度のリターンを目指せる不動産投資として、「戸建投資」は有効です。特に中古の地方・郊外エリアの場合、数十万円から数百万円と普通自動車を買うのと同等レベルの金額で売買されるケースもあります。

もちろん、あまりにも田舎に行き過ぎてしまうと、そもそも賃貸・売買とも需要がなく失敗してしまうこともあり得るので、その見極めには注意してください。

・戸建（一軒家）投資のメリット

投資面：特に地方・郊外での中古戸建は安く出回っているものがあるため、200～500万円などのとても低いイニシャルコストで不動産投資を始められるケースがある

融資面：土地、建物の資産価値があるため、積算評価に伴って融資を利用しやすい。地方郊外だと価格帯が小さいため、公庫での組立なども多い

運営面：運営コストが安い（固都税くらい）

資産面：土地が残る。建物の建替えや土地としての活用等バリューアップの幅が広い

出口面：収益物件としての販売だけではなく、退去後に実需としての販売を狙うことができる

・戸建（一軒家）投資のデメリット

投資面：地方・郊外の戸建投資の場合、価格帯が小さいため、リターンも小さい傾向がある。都心部の戸建投資の場合、価格帯が高く、利回りが低い傾向がある

運営面：退去があった際には、家全体の修繕となるため、修繕コストが大きくなる傾向がある

戸建て投資の最大のメリットは、運営中のコストがほとんど掛からないところです。既に賃貸中の場合であれば、主な運営費としては、固定資産税・都市計画税等の公租公課のみです。区分マンションであれば強制的に掛かってくる修繕積立金や管理費などが徴収されることはありません。また、家賃回収を管理会社に委託するＰＭフィーも入居は１世帯だけですから、自分でチェックすればすむ話です。

また、一般的には戸建の場合、２ＬＤＫ～４ＬＤＫ等の間取りが多いため、想定される入居者はファミリー世帯です。子供のいる家庭の場合などは、学区や通学の絡みなどから、一度入居されると、長期的（5年超等）に賃貸される傾向があります。そのため、入退去の頻度は低く、ちょっとした建物面の補修なども、入居者側で対応されるケースが多いため、運営が「楽」というイメー

ジです。

ただ、平常時の運営コストが安い反面、退去があった後の修繕コストは高くなる傾向があるので注意。長年住んだ一軒家については内装だけでも丸々の修繕工事が必要になってきます。

これはファミリータイプの区分マンション投資でも似たところですが、戸建ての場合は平常時に修繕積立金が別枠で徴収されていないため、「外回り」の修繕が必要になった場合、オーナーの負担が必要です。この内外装の修繕を「いかにうまく安くやるか」が大切になってきます。

また、入居する世帯は１つのみ、１物件だけでみた際には、０か１００かの投資になるため、融資を使うのであれば、万一退去があった際にも、自分が「しばらく返済に耐えられるか」は見ておく必要があります。

通常時の運営が「楽」なのは変わりませんが、購入する投資用戸建が、都心部の場合はイニシャルコストが高く、利回りが低い傾向です。ただ、賃貸中のオーナーチェンジ物件としての売買金額よりも、実需としての売買金額のほうが跳ね上がるケースなどもあるため、退去後の実需としての売り抜けを狙った投資などもあります。

3・プロから見た一棟モノと区分マンションの違い

一棟モノ（アパート・マンション）と区分マンションとの比較です。一棟アパート・一棟マンションのメリット・デメリットを挙げていきましょう。

・一棟モノのメリット

投資面：投資規模が大きくなるため、賃料収入も多くなる

融資面：土地、建物の資産価値があるため、積算評価に伴って融資を利用しやすい。積算評価と売買価格の乖離が小さければ、与信を傷つけずに借り入れができる

運営面：空室リスクの分散。複数の住戸があることで、一棟だけでも空室リスクを分散できる。建物全体を所有するため、オーナーの裁量が大きい。建物の名称や、リフォーム工事を自由にできる

資産面：担保価値が高く、土地が残る。建物の建替えや土地としての活用等バリューアップの幅が広い

・一棟モノのデメリット

投資面：投資する価格帯が大きい。小ぶりなアパートでも2000～3000万円前後からになる

運営面：調整が利くものの、運営コストが大きい。建物全体について責任を負う。屋根や屋上、外壁、共用廊下、集合ポスト等の修繕についても、オーナーが適時実施する。共用部分の電気、清掃用の共用水栓、消防点検、浄化槽点検等のコストなどもオーナーの負担になる

出口面：購入できる人が限られるため区分ワンルームよりも流動性が低い

複数戸を運営するため、世帯数が1つしかないワンルームや戸建投資とは異なり、不動産からの収入がいきなりゼロにはなりにくいのは明確なメリットです（これについてはワンルームを複数保有することでも代替できます）。

建物全体が自分のものになるため、共用部を含めたリフォームや、名称そのものの変更まで（ある意味地図に残る仕事まで）可能になります。自由度が高くなる反面、建物全体の運営・修繕コストも直接オーナーの負担となります。

建物の維持管理コストについては、区分所有建物であれば毎月、管理費や修繕積立金として強制的に徴収されてしまうものですが、一棟物件については、修繕の時期や金額、やる・やらない

等について、オーナーの裁量で決められる自由度の高さは、メリットと言えます。

また、大災害等で建物の倒壊等があったとしても、最悪土地が残るという考え方は、金融機関を含め、誰しもが持っているため、資産として見た際に「土地値」の下限を設けることができます。

区分マンション投資には、元々投資用として建築された「区分ワンルーム」タイプと、実需向けの「区分ファミリー」タイプがあります。単純に「区分・区分不動産」等で表現された場合は前者を指すことが多いです。

・区分不動産のメリット

投資面：小さい金額から投資できる（融資が組めなくてもOK）。失敗時のリスクも少ない

運営面：建物自体の管理は管理組合がやってくれる。ランニングコストの見通しが立てやすい

出口面：流動性が高い（売却・換金しやすい）

・区分不動産のデメリット

投資面：儲かりにくい（投資規模が小さいのでリターンも小さい）

運営面：管理・修繕積立金が毎月の固定費となる。空室リスクが高い。退去があった際に、収

入がないまま固定費が出ていく。オーナーの裁量の範囲が小さい。共用部は勝手にいじることができず、自分の思うようにできるのは室内のみ。建て替えが現実的に可能か見えにくい
・資産面：担保価値が低い（土地の持ち分が少ない・実質的には土地と切り売りできない）
・融資面：融資を受けにくい（上記に伴い、窓口となる金融機関は少数派）

少額の現金で中古の区分ワンルームを購入するのであれば、リスクを抑制しつつ安心して取り組むことができます。小さな物件からやりたい初心者や、資金余力の少ない人が、実績と経験作りとして「試しにやってみる」には適していると言えるでしょう（新築区分ワンルームを除く）。一棟物件と比較すると、購入層のハードルは低いため、特に都心部や、郊外でもターミナル駅至近等、立地に優位性のあるマンションであれば、築年数が経過しても比較的流動性は確保されている傾向です。

また、区分でもファミリータイプは投資規模とキャピタルゲインが大きくなる傾向があります。特に既に賃貸中となっている、ＯＣ（オーナーチェンジ）物件は、利回り（収益還元評価）での販売となるため、実需用の空室と価格の乖離が発生しているケースが少なくありません。

ＯＣの区分ファミリータイプを取得し、退去後にリノベーション済み実需物件として、販売する手法では、スターマイカ株式会社（港区）が業界内で有名です。このように「企業として」こ

の分野に特化して臨んでいるライバルも存在します。

区分投資においては、建物全体の運営・修繕を管理組合の委託した管理会社がやってくれるため、オーナー本人は室内のみに注力すればよく、楽ではあります。反面、そのコストが管理費・修繕積立金として、入居の有無に係らず、毎月強制徴収されてしまうのが大きく異なるポイントです。

４・プロから見た新築物件と中古物件の違い

「新築」と「中古」の比較を見ていきます。

・新築物件のメリット

融資面：30年超等、超長期の融資が付きやすく、年間返済額を低く抑えることができるため、キャッシュフローがよくなる傾向がある

賃貸面：リーシングしやすく、高い賃料設定でも賃貸できる可能性がある。業者売り主の物件などは、賃料保証・サブリースの付与されたものなども多い

その他：建物設備・大規模修繕等のメンテナンスが当面の間かからない（修繕費用が低い）

・新築物件のデメリット

投資面：中古と比較すると収支効率が低い（物件価格が高いため、利回りが低い）

賃貸面：入居者の入れ替わるタイミング（２回目・３回目）において、賃料の下げ幅が大きくなる。また、完成前での検討など、入居者が確定する前の賃料はあくまで想定のため、予定して

いる賃料で賃貸が成約できない可能性もある

資産面：建物価格の減価幅が大きいため、資産価値としては、下落しやすい

新築物件は、融資面では有利です。通常、金融機関は建物を法定耐用年数から経過した築年数を差し引いた残存期間を元に融資期間を検討します。建物はピカピカですから、金融機関の選択肢も多く、長期かつ低金利で融資を利用できることで、毎月のキャッシュフローはよくなります。併せて、賃貸市場でも新築と中古のお部屋が並んでいた際には、多少高めでも新築の人気は強いものです。

また、建物の全体的なメンテナンスコストが当面不要であることは、新築の大きなメリットです。現在は「品確法（住宅の品質確保の促進等に関する法律）」もあり、新築後10年間は建物面の大きな不具合について保証されています。

このように、埋まりやすく（賃貸しやすく）、お金が掛からず、安くお金を借りられる新築ですが、１００点満点ではありません。

ポイントは「賃料の下落」と「建物価値の下落」です。賃貸市場において、新築から中古になったとき、つまりは、入居者の入れ替えが発生して2回目や3回目の募集になった際に、賃料が下がることを前提に考えておく必要があります。

特に木造建築は、築年数の経過に伴い、建物の価値の下落と法定耐用年数の減少が顕著です。賃料の低減幅、建物の資産価値の下落幅、ともに新築が一番大きいため、マーケットの上昇局面でない限りは、売却価格が下落する可能性が高いのは難点と言えます。

木造一棟アパートを新築で購入した場合等、5年程での再販売が狙いやすい傾向です。RCや鉄骨造であれば、もう少し長く見ても構いませんが、この時期であれば、木造でも法定耐用年数の残存があり、次の購入者から見て、築浅中古一棟物件として融資が利用しやすい状態。加えて売主側から見ても長期譲渡（保有期間5年超）となるため、キャピタルゲインに対する税率も抑制されます。

また、建物面もまだ大きな手入れをしないままでも、見栄えがすることが多いため、その時の新築相場（投資用新築案件の利回り）より少し低い（利回りでは「高い」）設定での売却を想定できます。

長期で出口を想定する際には、キャピタルロスと保有期間中のキャッシュフローとのバランスが本当に取れるのか、それともずっと保有（売却を想定しない）するのかを入口時点で、じっくり考える必要があります。

同じ新築でも、新築のワンルームマンション（区分）は、購入当初から手残りは薄い、もしくは「ない」ため、「返済完了後の老後の安心」等の売り文句で販売するしかありません。年間で数万円程度しか利益が出ない、そもそも毎月数千円～数万円の赤字になるようであれば、相当なキャピタルゲインが望める場合を除いて、そのような投資には着手しないほうが無難です。

次に中古物件の一般的な特徴です。

・中古物件のメリット

投資面：新築と比べると、収支効率が高い（物件価格が安い＝利回りが高い）

賃貸面：実際に入居している賃料が分かるため、リーシングの予想がしやすい

出口面：中古のマーケット相場で購入した場合は、売却時にも近似ラインの価格帯で売却できる可能性が高い（大きなキャピタルロスが発生しにくい）

・中古物件のデメリット

融資面：一般的に長期融資が付きにくく、年間返済額が多くなるので、キャッシュフローが低下する

賃貸面：類似条件の物件が並んだ際には、新築・築浅物件よりも賃料が低い。間取り・設備・仕様が陳腐化している場合、入居者の人気が低くなる恐れがある

運営面：メンテナンス、維持修繕について、コストが必要になる傾向がある

既に運営されている賃貸不動産を購入する中古不動産投資は、「そのものを見て」購入是非の判断をすることができます。現況における空室や補修が必要な箇所の問題についても、可能性だけではなく、顕在化したものが判断材料となります。賃料収入についても、入居中のものであれば、シミュレーションについてブレが少なくなるのも利点です。

土地・建物の内訳として見た時に、日本においては、土地の価値には硬直性があるものの、建物については、築年数の経過に伴い、一方的に減価していきます。

中古のアパートや戸建等を、ある程度土地の実勢価格に近いところで購入が適うのであれば、資産として目減りしにくいため、バランスシート（※貸借対照表。ここでは資産性の意）を優先する際には、極めて安全性の高い投資といえます。

先に挙げたとおり、一般的には、建物の築年数が経過しているほど、融資期間は短くなり、修繕費用も膨らむ傾向です。融資期間に融通の利く金融機関を絡めたり、修繕の発生に耐えられるよう資金を確保しておいたりするなどの準備をしておく必要はあります。

しかしながら、その2点がクリアできれば、入口時点で（新築と比べて）高い利回りを目指せるため、「資産の目減りをさせずに、キャッシュフローを積み立てていく」という手堅い投資ス

タンスを取ることができます。

ここまではあくまで一般的な新築・中古物件の比較でしたが、新築物件はもう少し細かく分類できます。

・新築投資の細分化

①既に完成して賃貸稼働中のもの・ほぼ完成前後のものを買う
（主な業者：家主クラブ、クロサワコーポレーション、ユナイト、トーシンパートナーズ他）
②土地＋建物のパッケージ商品を買う
（主な業者：シノケン、TATERU他）
③既に所有している土地に業者主導で建築
（主な業者：大東建託、レオパレス、東建コーポレーション他）
④既に所有している土地に自ら主導で建築⇓建築業者を自主開拓
⑤自ら土地探し＋建築⇓運用（基本売らない派）⇓不動産業者と建築業者自主開拓
⑥自ら土地探し＋建築⇓完成前後、または賃貸を埋めて売却⇓不動産業者と建築業者自主開拓

これは「新築」投資の方向性と主要業者の一例です。先程までで触れた「新築」という切り口

は不動産業者が売主等の①②をイメージした話です。

③と④は親から相続した土地に新たに建築する場合などです。

③は大東建託やレオパレスなどが実施している、地主に建築させるケースが有名ですが、たっぷりと建築費用に彼らの利益が乗っているため、一括借上げのサブリース契約があるからと言って（後で見直しも入るので）収支面の見込みが甘くないかは綿密にチェックする必要があります。それでも土地代の負担がないため、本来は②より投資効率はよくなるはずです。

④⑤⑥といった、自ら主導で建築するところから入る「新築」投資の場合は、少し勝手が変わってきます。

④については、「しっかりした建物を如何に安く建築できる」か、それができる建築業者・工務店等と付き合えるかによって、成功の是非が大きく変わってきます。

資金面が弱く、目先のお金が欲しい建築業者ほど、安く仕事を受ける傾向があるため、見積りだけを信じて進むと、最悪の場合は完成前に工事がストップしてしまうケースもあります。

⑤⑥のように、「土地から仕込んで、建築までやる」場合は、④の建築面のリスクに加えて「賃貸需要のある立地において、建築ができる土地」を如何に安く、妥当な金額で取得できるかという部分が入ってきます。そのような土地は①②に関わる不動産業者が日頃から血眼になって探しているため、本業の人たちと競合することになります。

種別	リスク	リターン	補足
新築①②③	低	低	あまり儲からないが安心感あり
新築④	低〜中	中〜高	建物代の抑制次第
中古	中	中〜高	既存物件の精査次第
新築④⑤⑥	高	中〜高	土地と建築知識が必要

そして⑥のように、新築収益物件として完成直後にすぐさまの売り抜けを目指すようになると、やっていることは①の建売業者と完全に同じです。この場合は、⑤のリスクに加えて、「想定どおりに売却できるか」というリスクが付加されますが、そこは新築。完成までいければ、埋まりやすく、買い手の融資も引きやすいため、価格・利回り感が適正であれば、中古よりも圧倒的に売りやすいでしょう。

いずれにしても、一般的な新築投資である業者主導の①②③と比べ、④⑤⑥の新築投資はリスクを取る反面、イニシャルコストを抑制できるため、収益性がよくなります。

リスクとリターンのバランスとしては、大まかですが表の認識です。

５・プロから見た郊外物件と都心物件の違い

よく比較される都心VS地方。まずは都心部で行う不動産投資の特徴です。

・都心部のメリット

賃貸面：高い賃料が見込め、稼働率が高く、空室リスクは低い。人口減少の可能性が低いため、賃料の下落リスクも少なく、リーシングが容易

運営面：建物の設備が若干古くても、立地面でカバーできる。賃料相場の下限ラインが、郊外・地方よりも高い。建物面積に対する賃料は高いため、維持修繕のコストは抑え目になる

出口面：流動性が高い

・都心部のデメリット

資産面：物件価格が高いため、イニシャルコストが高くなる。また、積算評価と実勢価格との乖離が大きくなるため、自己資金が多く必要になる傾向がある

収益面：固定資産税・都市計画税の維持費が高め。物件価格が高くなるため利回りは低くなる
賃貸面：室内設備などの「改善」の効果が少ない

「高いけれども、リスクは低め」というのが都心部の不動産投資の特徴です。

都心部のメリットは、リーシング面の容易さと資産価値の保持性です。何より厚い（熱い）賃貸需要があるため、地方・郊外よりも一段高い賃料を狙うことができ、空室期間も少なくなります。また、都心部への人口流入は継続しているため、長期的な保有にも向いています。そもそもの物件価格が高額である反面、築後35年、40年といった物件でも、それなりの金額で売買が成立するため、建物の減価はあれども、不動産全体で見た際には、地方よりも価格の硬直性はあると言えます。

「地方・郊外よりも不動産価格が高くなる」という下限がある上で、騰落率の高いエリアであるため、上昇局面においては、資産価値が大きく膨らむこともあります。

また、実際の取引価格（実勢価格）と、相続税路線価等の評価との乖離は大きくなる傾向があるため、積算評価に重点を置く金融機関においては、融資金額が伸びないケースも少なくありません。そのため、自己資金が多く必要になる傾向がある反面、相続対策として、現金を持つ人が都心部の物件を相場で購入するというのはセオリーとなっています（相続評価が現金よりも不動

産の方が低いため)。

強い賃貸需要に対して、賃貸物件の供給戸数も多いため、賃貸顧客獲得の競争も激しいところです。そのため､建物の設備面のグレードアップ（モニター付インターホンやウォシュレット等）を図っても、ライバル物件も多く、埋もれてしまうことが少なくありません。

都心部に対して、地方・郊外物件のポイントを確認していきます。

・地方・郊外のメリット

投資面：物件価格が安く、利回りが高い。積算評価と売買価格が近い傾向にあり、融資が組み立てやすい（立地による）

賃貸面：競合が少なく「改善」の効果が出やすい

・地方・郊外のデメリット

賃貸面：賃料が低い、稼働率が低い、賃料下落リスクが高い、人口減少の可能性が高い

資産面：物件価格が上昇しにくい、売買の機会が少ない、流動性が低い

運営面：修繕コストが大きくなる傾向がある

まとめてしまえば、「安く買えるけれどもリスク高め」。

地方や郊外に投資用不動産を持つメリットは、物件の積算評価の高さと利回りの高さです。金融機関の積算評価は、土地・建物の大きさから算出されますが、土地の係数については、路線価が重視されます。実勢価格と路線価等の評価額とは都心部より離れれば離れるほど、乖離が小さくなる傾向があるため、積算評価を重視する金融機関においては、「物件価格と積算評価が近い＝融資しやすい」という構図です。

都心部と比較して物件価格は安くなるため、見かけ上の利回りは高くなります。表面利回りが高く、融資を組みやすいという点から、「自己資金を極力使いたくない不動産投資ビギナー」にはスタートしやすい手法です。

また、近ごろでこそＤＩＹの流行もあって、「特徴あるリフォームで目を引く力を入れた賃貸物件」も存在しますが、それも都心部ほど競争は激しくありません。間取り・設備・壁紙等、建築当初から「同じ仕様のものをただ新しくするだけ」の昔ながらの地主大家さんも少なくないことから、「アクセントクロス」や「イケアの家具導入」等、定番の改善も効果が狙えます。

一方、デメリットは賃貸需要に尽きます。そもそもの人口が都心部よりも少ないため、賃貸物件の供給量と賃貸入居者（予備軍）の需要、「ハコ」と「ヒト」とのバランスが崩壊している地域も少なくありません。需要が少なければ、空室が増え（稼働率が下がり）、埋めるために賃料を下げるという分かりやすいパターンです。

売買の観点からも、都心部の根強い人気と比べ、地方・郊外エリアにおいては顧客数が減るため、物件購入の際のハードルは都心部より低いものの、売却時には都心部以上の高値（低い利回り）は期待できません。不動産相場の上昇があった際にも、その恩恵による上昇余地は少なくなります。それに伴い、流動性は低くなる傾向です。

ここまでの例はあくまで都心部と郊外エリアの一般的な比較です。郊外エリアにおいても、大学や大規模工場、大規模商業施設があるなど、特定の強力な賃貸需要がある際には、戦っていける賃貸物件も充分に存在します。

また、郊外エリアの物件の特徴として、価格に対してファミリータイプの間取りやワンルームでも総戸数が多くなる傾向があります。土地だけではなく、建物の規模も大きくなることで、積算評価が高くなり、対金融機関の見栄えはよくなります。

しかしながら、建物の修繕コストは、平米単価で掛かってくるため、規模が大きくなれば、それに伴って膨らんでいく傾向があります。同じ5万円の賃料を得るのに、都心部では15平米のワンルームであるものが、郊外エリアでは50平米の２ＬＤＫであるケースも珍しくないところ。程度にもよりますが、ワンルームの原状回復（募集できる状態）工事であれば、10万円前後で賄うことができるのに対し、2DK等のファミリータイプの間取りであれば、35～50万円前後まで簡単に増えていきます。屋上防水や外構工事についても、広さに比例するのは言うまでもありません。

もちろん、賃借人の入退去の頻度の違いはあるものの、得られる賃料と修繕コストとのバランスにおいては、郊外エリアのほうが「割を食う」傾向です。

資金・資産が潤沢な「仕上がっている投資家」ほど、都心部で資産を固める傾向です。「都心で安く買える」のが最高ですが、そこは不動産業者も狙っているところ。都心部に固執しつつ、安いものを探していくと、再建築不可や違反建築の物件などに当たりやすいため、場所がよくて高い利回りが提示されているときは、警戒度合いを高める必要があります。

逆に、毎月の賃料収入の大きな積み上げをこれから目指す、まだまだ少ない資産をこれから増やしていく「攻めが必要な人」は、地方・郊外で収益性の高い割安な物件を探す人が多いです。田舎に行くほど安くなる（利回りが高くなる）という分かりやすい構図ですが、賃貸需要が本当にあるのか、その継続性はあるのか、将来出口を取ることができるのか、この見極めが必要です。

今（2018年後半）現在、地方までの広域をカバーしていたスルガ銀行の融資が実質的にストップしたことで、地方・郊外エリアの物件に取り組めるプレーヤーが大幅に減っています。

スルガスキームでのオーバーローン、自己資金ゼロでの不動産投資を目論んでいた個人投資家と、その出口を頼りにしていた不動産業者（主に三為業者）は、手を引かざるを得なかったため、ライバルが少ないのが現状です。

地方・郊外も視野に入れた、自分で融資を開拓できるプロにとっては、「買い場」がやってくる可能性が高いです。

金融機関の投資用不動産への融資は、以前よりも蛇口の締め付けはあるものの、都心部では金融機関の選択肢もあり、現金余力のある個人・法人も多いため、不動産投資が下火になる気配はありません。

融資が出るエリアは価格が高く・融資が出にくいエリアは価格が低くなる、この二極化が都心VS郊外でさらに広がっていくことが予想されます。

プロは都心部！　素人は郊外！　ということはありません。プロ投資家こそ、自分のステージと得意分野に合わせて、エリアを選択しています。

第5章
値切り交渉や融資時に気を付けること

1・値引き交渉のためのテクニック

欲しい物件があったとして、その物件は値切れるのでしょうか？　そして値切れるとしたら交渉のコツはあるのでしょうか？

こと不動産においては、「金額交渉があるのは当たり前」という雰囲気があります。そして物件によっては大きく値切れることがあることも確かです。

「いくらで購入するか」によって、不動産投資の組み立ては大きく変わりますので、ここは重要なファクターです。株式投資と同様、価格交渉は、「指値《さしね》を入れる」「指値の交渉をする」等々で表現されます。買主顧客としての交渉のコツは次の3つです。

・売却理由の把握
・残債額（ローンの残り）の把握
・買付（申込）価格の根拠

現所有者・売主はどんな理由で売却するのか。ここを掴むと、金額交渉の可能性を探りやすくなります。相続で引き継いだものを売るのか、金融機関から売れと言われているのか、利益を目的に高く売ろうとしているのか、その背景を把握します。「～という理由からの売却なので、金額を入れてみてください」なんて言われたらチャンス。

また、売主さんの残債額の把握はしておきたいところ。ローンの残りがなかなか減らずに、売りたくても売れない人は意外と多いのです。

これについては、登記簿謄本（現在事項証明書）を取得することで、確認できます（自分で取得しなくても、不動産業者に手配してもらえます）。対象不動産に絡んだ借入れがある場合には、「乙区」という項目に「いつに、どの金融機関から、どのくらいの金額を借り入れたか」ということが記載されます。ここから、価格交渉の「物理的な最下限」を探ります。「売却をしてすっきりしたい」という人であっても、ローンの残債務を手持ちの現金、数千万円・数百万円を持ち出してまで売却したいという人は少数派です。もちろん、残債を上回れば売ってくれるかというと、そういうものではありません。

ここで必要になってくるのが、金額の根拠です。

相手が不動産業者であれ、個人であれ、何の根拠もなしに、指値をぶつけても、嫌われてしまいます。併せて「やりすぎ」も禁物。シミュレーションをがっつり見せて用語解説をしたり、物件の悪いところを箇条書きにして、金額交渉に臨んだりするのは得策ではありません。

売主の立場になってイメージしてみてください。自分が売りに出している物件をけなしまくって、「儲からない物件だ」と言ってくるような人には、買ってほしくないですよね。買付（申込）を入れる際に、入れた指値の適正性について、口頭や電話・メールの文面等で補足すれば充分です。

建物の現地調査をした際に必要な修繕工事をチェックする、空室が多ければ募集に関するコストを想定するなど、経費面からのアプローチと、積算評価や組み合わせる金融機関との収支バランスなど資産性・収益面から、交渉金額の適正さを「適度に」アピールします。販売図面に記載されている金額に対して、「言うのはタダ！」ですから、ぜひトライしてみてください。


さて、それでは実際のところ、どこまで下がれば、「買い」と言えるのでしょうか。

買い手側から見た適正な金額とは「投資として成立する金額となっているか」です。仮に1億円の物件が5000万円になったとしても、その物件の「収益力や資産性に見合う購入価格」が3000万円では意味がありません。

単純な表面利回りだけではなく、融資との組み合わせによるキャッシュフローや将来的な売却時におけるキャピタルゲインによる回収など、シミュレーションの組み立てが成立する購入金額を算出しておきましょう。中には価格の交渉をする必要がないほど適正・割安と思える物件が売りに出ますが、買付が殺到し、オークション制になるケースも存在します。そんな時には、逆に「いくらまで買付金額を上げられるか」というラインが求められます。

購入金額を抑えることは投資として有効ですが、そこに固執しすぎて、そもそものチャンスを逃してしまっては意味がありません。買付を入れる際には、自分の中で、自分の融資の組み立てで「どのラインなら買い」なのか、上限・下限を設定しておきましょう。

数十万円、数百万円、この違いは少なくないですが、「何ヶ月でそれを回収できるのか？」この期間が許容範囲なら、物件そのものを取り逃すのはもったいないかもしれません。

……と、ここまではエンド向けの話。

プロの不動産業者・プロの不動産向けの金額交渉テクニックはここからです。チェックするべきなのは、情報をもらった（見つけた）その物件の価格の決定権を「物元の仲介業者」が握っているのか、あくまで「売主主導」なのか。

不動産業者そのものや、百戦錬磨のプロ投資家が売主の場合、ある程度ロジカルに販売金額が設定されているため、大きな交渉などは難しいケースが多い傾向です。

しかしながら、「高齢な地主さんが資産を処分していきたい」と、昔からの付き合いのある不動産仲介業者や管理会社に売却の相談を持ちかけるようなケース。これだと、金額面について、登記名義人の売主本人の意向ではなく、そこから販売活動を委託される仲介業者の営業担当者が音頭を取ることがあります。

こういったケースの場合、正規の手数料（3％＋6万円と消費税）以外に、仲介ポジションの人間に「フィー（手数料）を払う」ことで、物件を安く買う・物件を確保できるよう押さえるテクニックがあります。

本業の方で実際にあったケースです。

買取査定の電話が入りました。

仲介「この物件を買取で検討頂きたいのですが？」

関田「金額の目線どれくらいのイメージですか？」

仲介「1・3億円前後を想定しています。これから2社ほどヒアリングする予定です」

物件精査を行った後、次のような流れになりました。

関田「これ、1億円で買えるなら『正規手数料と別に業務委託フィーで500万円』払います。他社さんのヒアリングを止めて物件を押さえることはできますか？」

仲介「分かりました。その形でお願いします」

この業務委託フィー自体が適正か否かは、賃貸のＡＤ（広告費）がどう捉えられるかと同様、グレーな部分ではありますが、元付となる媒介業者、またはその担当者によって、フィーが非常に有効に働く場合があります。

元付業者の立場で考えてみましょう。

・1・3億円のときの正規手数料（３％＋６万円）＝３９６万円　※両手契約なら７９２万円
・1億円のときの正規手数料（３％＋６万円）＝３０６万円　※両手契約なら６１２万円
業務委託フィー＝５００万円
合計＝８０６万円　※両手契約なら１１１２万円

同じ契約をもう1件こなすよりも多い手数料が手に入る、となると、それなりのインセンティブが働くわけです。

転売（三為）目的の不動産業者からすれば、その転売フィーから支払うことができるので、大した問題ではありません。ただ、自分で保有する物件を購入する場合は、その資金の出処は自分です。加えて、物件本体とは別の諸費用ですから、融資の組めない（組みにくい）部分となります。

それでも、本来1・3億円まで延びてしまう仕入れ価格を、５００万円の支出で２５００万円分も浮かすことができたわけですから、このフィーが如何に有効であったかが分かるところです。

もちろん大手どころなどは、「＋αのフィーは受け付けられない、それよりも高く買って欲しい」というスタンスの会社がほとんど。ただ、その中にも融通の利く営業担当者がいることも事実です。

また、物元となる媒介業者は両手での成約（6％＋12万円）を目指して、買取業者などに情報を流しますが、買取業者が「自分の好みの物件ではない、けれども他の人には売れそうだ」というレベルの物件というのも少なくありません。そんな時に、買取業者が買主側の仲介業者のポジションにスライドして、一般（エンド）顧客に紹介するようなケースもあったりします。

物元業者は当然両手分の6％が欲しいですし、買取ポジションにいた業者もフィーがなければ仕事になりません。

こういったケースの場合、買主さんから仲介手数料（と業務委託フィーの合計）6％を出してもらうということもあります。

「法律的にグレーな（払わなくてもよい）手数料を支払いたくない」と考えるか、「物件を安く買うのに見合う手数料なら払う」と考えるか、物件を購入する前の段階から、賃貸事業経営者としての視点が求められます。

２・プロの実践融資術

投資用不動産のローンについては「物件資料」と「個人資料」を金融機関に提出し、融資の判断を仰ぎます。

「住宅ローン」であれば、個人の年収・年齢・借入れ有無に圧倒的なウエイトがあるため、それだけでざっくりと融資の可否が判断できます。対して、不動産投資における融資については、物件面のウエイトが大きくなるため、その難易度は格段に高くなります。

どれほど飛びぬけた優良物件があったとしても、その購入者が３才児でも融資するのか、年収１億円超の人がいたとしても、再建築不可の物件に融資するのか、極論するとこのイメージです。投資用不動産の融資については「両面のバランス」が必要です。

都市銀行・地銀・信金・ノンバンクと金融機関の選択肢は、その数だけありますが、実際に不動産投資に理解があり、投資用のローンの組み立てが成立するところはそこまで多くありません。また、支店・支店長の方針や営業担当者の「エンピツ」で、取り組み自体が変わってきます。

既に慣れているプロの投資家や、不動産業者が購入する場合、「今度、この物件を買おうと思っているんですけど、融資組めますか？」「金利と期間と融資額が知りたいから、物件の評価をお願いできますか？」等、物件が押さえられそうな雰囲気になった時点で、ダイレクトに付き合いのある金融機関の担当者にヒアリングします。もちろん、金融機関に提出するべき個人（法人）資料はまとめてあって、すぐに出せる状態です。

一方で、はじめて不動産投資に参入する一般個人の場合、投資用に特化した業者を経由して金融機関に資料を入れるパターンがほとんどでしょう。

投資用の不動産に特化した不動産業者であれば不動産投資用ローンの窓口となる金融機関を押さえています。餅は餅屋、投資用物件を扱うのが得意な不動産業者経由で、金融機関に個人資料（源泉徴収票や確定申告書・ローンの残高証明や通帳写し等）を持ち込んでもらった方が可能性は高くなります。

プロの動きを真似やすい部分としては、この融資に関する「個人属性」関連の資料をあらかじめUSBメモリやPCのフォルダ内等にまとめておくことです。

物件や金融機関、不動産業者は違えども、提出書類のデータは使い回せます。

・プロフィールシート（略歴書）

・免許証

・保険証
・源泉徴収票
・確定申告書（確定申告をしている場合）
・ローンの返済明細（他に借入がある場合）
・所有物件の謄本等（持ち家や既に物件を持っている場合）
・会社謄本等（既にある法人で物件を取得する場合）

いざ検討物件が出た時に、速やかに金融機関に当たれるよう、これらの資料を日頃からまとめておくことでスピードの優位性が出てきます。最終的な融資の可否については、「物件資料」「個人資料」の両方を金融機関に持ち込まないと分かりませんが、

・金融機関はそもそも自分にお金を貸してくれるのか？
・どのくらいの価格帯まで可能性があるのか？
・期間や金利は一般的にどのようなイメージなのか？

こういった基礎的な部分については、投資用不動産の扱いに慣れた不動産業者なら経験則から

教えてもらうことが可能です。

いきなり金融機関に訪問して直接ヒアリングするのも一手ですが、物件も決まっておらず、自己資金等の資料もない状態では、ふわっとした回答でいなされるのが関の山。また、1つ2つの金融機関を回ったところで「なるほど！　これに合う物件を見つければいいのか！」と探す物件を絞り込みすぎてしまうと、投資する機会そのものが現れないことも少なくありません。もしも、「自分はまだ初心者だ」という自覚があれば、金融機関からの融資を付ける動きよりも先に、融資付けに強い不動産の営業担当者や、デキる金融機関の担当者、経験値の高い先輩大家等、まずはブレーンとなる味方を増やすのが優先です。

3・金融機関の違いを理解する

不動産投資の組み立ては、「個人属性」と「物件」と「融資」によって変わります。「ヒト・モノ・カネ」で構成されているのは、やはり不動産投資もビジネスであることを実感するところです。

さて、金融機関・融資の選択は、「個人属性」と組み合わせる「物件」によって、変わってきます。この2点がフワフワした状態では「どの金融機関、どの商品が適している」とは言えないわけです。

金融機関による「違い」とはどこなのか、確認していきます。

大きく変わるのは以下の項目です。

・金利
・融資期間
・融資額（融資割合）
・融資限度額
・物件の評価方法
・完済年齢

・銀行手数料
・繰り上げ返済手数料
・融資対象エリア
・属性基準（人物面）
・返済比率
・団体信用生命保険の有無、カバーされる金額、金利への上乗せ
・連帯保証人
・資産管理法人の融資可否
・融資対象物件種別
・申し込みから実行までのスパン

「金利」や「融資期間」については、すぐに思いつくところかもしれませんが、その他の項目も疎かにできないところです。

・「ヒト」と「金融機関」という組み合わせによる例

50歳を超えている人であれば、完済年齢が75歳で見られてしまう金融機関の場合、たとえ物件

が新しくても、融資期間の制約を受けることになります。

団体信用生命保険が必須のところであれば、自分に万一のことがあったときには、借入れが免責されて妻子に財産を残せる可能性もある反面、以前大きな病気に罹ったことがある等、健康不安があれば融資の取り組み自体が否決されます。

また、「配偶者がいる場合は連帯保証人必須」というパターンも少なくありません。「妻の理解が得られなくて」と嘆いている方も見かけます。奥様が積極的でない、むしろ不動産投資に反対という場合は、ここが大きな障害となります。

資産管理法人への融資可否も、金融機関によって大きく異なるところです。規模のある不動産を法人で購入・取得することにこだわる場合は、入口時点で確認が必要です。

・「物件」と「金融機関」という組み合わせによる例

まず融資期間ですが、構造ごとの法定耐用年数から築年数を差し引いた残存期間で見るところが一般的です（ＲＣ47年、鉄骨34年・27年、木造22年、軽量鉄骨19年等から経過年数を差し引く形）。

この原則論のみだと、中古の投資用物件、特に木造アパートなどは流通しにくくなってしまうのですが、「法定耐用経過後の木造でも30年の融資期間」という金融機関や、「鉄骨・ＲＣ造で新耐震以降の建物なら25年」という銀行もあります。逆にＲＣでも「30年から建築後の経過年数を差し引く」という形で、法定耐用年数より短く見られる場合まであるので注意。

融資金額についても、売買金額の100%が上限という金融機関もあれば、「金融機関評価と売買価格の低い方の90%」等、希望するラインまでまったく届かないというケースも少なくありません。また、金利がとても安く、長期で借り入れが可能な金融機関があったとしても、「融資対象となるエリアがその支店の数キロ以内」等、別の制限が厳しければ、そもそも利用する機会がなかったりするのです。

単純なところで、「年収が高く・金融資産も多い方」については、金融機関も大好きです。選択肢も多く、有利な条件の融資を活用できる可能性が高くなります。年収1億円超・自己資金1億円の方が「新築で積算評価も出て利回りもよい物件」を検討するような場合であれば、都市銀行を含めて選択肢は豊富となりますが、そのような「両方バッチリでどこでも通る!」という案件は非常にレアです。

以上のように、借り入れ希望者の人物的な属性面と投資対象となる物件の属性面の両面から、さまざまな制約が設けられるため、一般的には「どういう金融機関を選んだらいいのか」と悩めるほど選択肢はなく、逆に「あそこかあそこなら審査が通るだろう」というピンポイントな組み立てのほうが多い傾向です。

「個人属性」+「物件と金融機関」の組み合わせ例について、関東圏において認知度の高いところは次のようなところです。

年収面	金融機関
年収３００万円前後	公庫
年収４００万円以上	ＳＢＪ銀行
年収７００万円以上	静岡銀行・地銀・信金　他
年収１５００万円以上	都市銀行（三井住友銀行、りそな銀行　他）
共同担保がある場合は、ノンバンク	

物件面	金融機関
中古区分ワンルーム	オリックス銀行・ＳＢＪ銀行
新築区分ワンルーム	ジャックス
中古木造アパート	オリックス銀行・静岡銀行・信用組合・公庫・ノンバンク
新築木造アパート	オリックス銀行・その他地銀・信金
中古一棟マンション	西武信用金庫（２０１８年11月金融庁調査中）・静岡銀行・ＳＢＪ銀行
新築一棟マンション	都市銀行・その他地銀・信金

少し前までは、「かぼちゃの馬車」問題に揺れるスルガ銀行が、個人向け一棟収益不動産への融資でかなり幅を利かせていたものの、「不適切融資」の話題が出てからは、すっかり鳴りを潜めてしまいました（２０１８年11月現在、投資用不動産向け融資停止中）。また、新築物件や海外（テキサス）不動産投資に融資を出していた西京銀行も株式会社ＴＡＴＥＲＵの改竄問題で雲行きが怪しい状態です。

そして、この影響が他の金融機関にも波及しており、以前まで出ていた投資用不動産への融資が、現状とても厳しく、融資を通すにあたっては、少し前の経験・実績が通用しなくなってきました。プロの不動産投資家の動きをするのであれば、購入を検討してみたい物件が出たら、本命は不動産業者にあたってもらいながらも、すべての頼みの綱を丸投げするのではなく、並行して自ら金融機関の開拓に励んでいくほうが、可能性は高くなります。

第6章

収益を上げるための物件運用術

1・オーナーがやるべきなのは方向性を示すこと

不動産投資の基本ロジックは「買う」「持つ」「売る」の3つ。ここからは、「持って」からのお話です。

「投資用不動産の運営」「賃貸経営」というと難しそうに聞こえますが、大部分の不動産オーナーは、管理会社（ＰＭ業者）にその管理を委託しています。その内容は主に次のようなものです。

・家賃の収納代行
・空室発生時の募集
・空室発生時の修繕手配
・退去時の立会い

そのため、オーナー自ら積極的に、要所を押さえて絡んでいかない限り、買った直後から「サブリース付き」や「運良く満室」などの場合はほとんどやることはありません。

クレーマー入居者の対応や滞納の取り立て、建物内での事故（自殺とか）があった場合の話などは、インパクトが強いため、「うわっ！　大変そう！」とイメージされがちですが、その矢面に立つのは管理会社の担当者です。オーナーは彼らの報告を受けて、管理会社から提示される提案に対して「ＹＥＳ」「ＮＯ」の判断と選択をするだけです。

そのインパクト強の大変なところにオーナー自ら出張るのは得策ではありません。不動産のオーナーは、ある意味経営者ですから、他の人ができる作業をわざわざ社長がやる必要はありません。

経営者がやるべきは、方向性の提示と、それをチーム（この場合は管理会社の担当者）と共有することです。ＲＰＧのドラゴンクエストの作戦コマンドで「ガンガンいこうぜ」を選ぶか「いのちをだいじに」を選ぶかというものがありますが、それと近いイメージですね。方向性には次のようなものがあります。

・とにかく満室稼動

賃料を周辺相場より少し低めに設定してでも、物件の稼働を上げたい

・とにかく高い賃料

半年くらいの空室期間は気にしない。しっかりリノベーションして周辺相場のアッパーでの成

約を目指す

・入居者（タナゴ）さんの属性重視

外国籍の方や生活保護者はもってのほか、若くて勤務先がしっかりした人、人当たりのよさそうな人だけに入居してほしい

理想を言えば、満室稼動で、高い賃料で、優良入居者のみで手間なく延々とお金を生み出してくれる不動産が理想ですが、退去というものは必然的に発生します。

賃貸経営において、オーナーの意向を入れ込んでいくのは、まさにこの退去発生時です。修繕をどのレベルにするのか、募集賃料をどうするのか、どんな入居者を狙うのか。ここからは運営に際して、プロが押さえておく項目にフォーカスしていきます。

2・プロの管理会社の選定方法

保有する物件が区分の1部屋だけ、小さな一棟アパートだけならば、賃借人と直接やり取りをする「自主管理」をする方もいますが、不動産業者やプロ投資家は、管理のプロである管理会社を活用するのがセオリーです。

管理会社といっても、会社だけでなく、その担当者によっても当たり外れはあるものですから、最終的には任せてみるまで、判断するための絶対的な指標はありません。

管理委託する以前に判断できる客観的な材料は主に次の3つです。

・管理料

「毎月の賃料（売上）×○％」のパーセンテージの部分。オーナーとしては、低い（安い）ほうがもちろん嬉しいです。もちろん安かろう悪かろうでは意味がないので、バランスが大切です。

・管理戸数

多い方が管理会社としては安定しています。ただし、管理する戸数だけが多く、人員とのバランスが悪いと、対応不足に繋がることもあるので、注意は必要。

・管理業者のタイプの違い

特にリーシングに際しては、オーナー側と借主の仲介手数料（と広告費）を自社で総取りできるよう自社での客付けを優先する不動産業者と、借手側の手数料や広告費を他業者に放出する形でも客付け・賃貸稼働を優先するパターンとがあります。

これらは電話で問い合わせるなり、管理会社に訪問して話を聞くなりで、担当者から聞くことができる項目です。たとえば次のように質問をするといいでしょう。

「御社の管理料は何％ですか？　それには清掃なども入ってますか？」
「今、管理している戸数はどれくらいあるのですか？　管理担当は何人くらいでやっているのですか？」
「自社でガンガン客付け営業する感じですか？　それとも客付け業者さんに協力してもらう感じですか？」

管理会社に求められるのは、リーシング（客付け）力です。極端な話、ここが強ければ他が緩くても許される傾向があります。「空いたらすぐに埋めてくれる」管理会社はすごくありがたいですが、「出る前に決める」のが最強の管理会社です。

ただ、ここに関しては、「御社でちゃんと賃貸決めてもらえますか？」と当人に聞いても、「いや、ウチは弱いです」と答えることはないでしょう。インターネットの口コミや、大家の会等の投資家コミュニティで質問するなど、斜めからのアプローチで探るのがベターです。

さて、リーシングの強さは管理会社にもちろん求めたいところですが、引渡し後、最優先されるべきは、「管理のスムーズな移行」です。まずは当月・または翌月から入居者の賃料が自分の口座に入るように手配しなければなりません。

自主管理にするのか、管理を委託するのか、委託するならどこにするのか。これが物件を所有するのと同時に訪れる初めの選択です。本来であれば、先の判断材料やリーシングの強さの探りから、一番よさそうなところに委託するのが望ましいところ。

ただし、いざ売買契約が締結され、決済（引き渡し）時期が確定すると、その時までに管理会社を決めなければならないという時間的な制約が発生します。

そういった中で、比較的手間が少ないのは、その物件の管理を元々していた管理業者にお願いするパターンです。

個々の入居者の機微、その物件の運営管理に際して注意が必要なポイントを既に把握しているわけですから、管理会社の変更に伴う引き継ぎミスが発生しなくなります。加えて、収納代行業務（家賃回収）を管理業者が請け負っている場合、入居者からすると、賃料の振込先も変わらないため、家賃の誤った送金（間違って前オーナーの口座に振り込んでしまった）が発生することもありません。

管理料が相場よりも相当に高かったり、現況の管理状況が悪いせいで賃貸の稼働が悪いといったことがなければ、決済時期が迫っている際には、「とりあえず一旦は既存の管理会社を引き継いでみる」というのも手段としては悪くありません。オーナー変更のお知らせが終わり、安定的に家賃収入が入ってくるようになった後、じっくりと時間を掛けて、そのエリアでより客付けが得意な会社や、管理フィーが安い会社を探すことも可能です。

また、投資用を扱う不動産業者が売主の物件や、投資用を専門で扱う仲介業者から購入した場合、その不動産業者が物件の管理業務サービスも提供しているケースは多いです。物件を継続して増やしていく場合など、管理の窓口も一本化されるため、手間を減らすという点からは、売買と併せて委託してしまうのも一手です。

ただし、その窓口業者から、地元の管理を行う不動産業者に「アウトソースしてフィーを抜かれているだけ」ということもあり得るので、そこについては、売買契約が進む段階で、売主や仲介業者にしっかり確認したほうがいいでしょう。

3・空室対策をヒト任せにはしない

不動産投資の顕著なリスクが「空室」であることは言わずもがなです。どれだけシミュレーションでいい数字が出ていようとも、実際に賃貸物件として稼動しなければ意味がありません。

しかし、すべての賃貸中の物件に、いつかの退去は必然的に発生します。その発生する空室期間をいかに短くして「お金を生み出すマシーン」として素早く再稼働させるか、ここがポイントです。

退去後に速やかに修繕を実施し、次の入居者を確保できる状態にする必要があります。

空室対策として不動産オーナーができる選択肢は大きく以下の3つ。

①自らも募集に動く

・賃貸業者を巡る、FAXを入れる

・ウチコミやジモティーなどの媒体活用

②条件変更

・仲介手数料、広告費（ＡＤ）を増やす
・賃料を下げる、フリーレントを付ける

③物件価値の増進

・リノベーション等のバリューアップ
・設備面の改善

このうち、まずは①について解説しましょう。

①自らも募集に動く

言ってしまえば「営業活動」そのものです。扱う商品・対象顧客は異なっても、営業ツールは「電話・ＦＡＸ・メール・訪問」このあたりが基本です。すべてを手当たり次第にやるよりも、効率を考慮した上で、一番成果につながりやすい楽で得意な方法を模索していくのがベターです。

特にハードルが低い動きとしては、普段賃貸管理や客付けをメインでお願いしている管理会社に、電話やメールだけでなく、訪問して、オーナーと物件を紐付けて覚えてもらうことがあります。

客付けの賃貸営業そのものをしている担当者から、賃貸がまだ決まらない理由をヒアリングするなど、対オーナー窓口の担当者だけではない人にも会っておくと有効です。

管理を任せている会社以外の客付けをメインとしている不動産賃貸業者へのアプローチもこちらに該当します。

そして、今の時代、募集媒体への発信は不動産業者に限られたものではありません。

オーナー自ら直接、賃貸を探している一般顧客にアプローチできる媒体として、「ウチコミ！」(https://uchicomi.com/)が有名です。写真をバッチリ撮影して管理会社に任せている募集要項(賃料・共益費等)と齟齬がないように登録します。

あと、顧客属性が微妙との評判はありますが、「ジモティー」(http://jmty.jp/)から賃貸成約している大家さんの話もチラホラ聞くところです。

大家から見てメインの営業対象は、賃貸顧客を持っている不動産賃貸業者であることは間違いありません。ただ、実際に賃貸を探している顧客自らＷｅｂ検索をしてくれる、このネット全盛時代。ダイレクトのアプローチも少しの手間でできるのなら、やらない手はありません。

続いてオーナーができる空室対策その②です。

②条件変更

ある意味「一番簡単な対応」はこれです。家賃・共益費を下げて、競争力を上げるアプローチ。特にバリューアップの提案などができない賃貸管理会社、客付けパワーのないところだと、ひたすらに「家賃を下げましょう」と言ってきます。

ただ、賃料そのものを下げてしまうと、毎月の実入りは当然減ってしまいます。そして、響いてくるのが売却時です。

収益物件ですから、その収益力が売買金額に直結します。月々1万円の値下げは年間12万円、利回りが8％の物件であれば、150万円分の機会損失に繋がりかねません。もちろん、空室期間が延々と続くことも露骨な機会損失ですから、あまりに頑なに賃料を変えないのも正解とは言えませんが。

賃料の値下げは最終手段に取っておいて、その前にフリーレントの期間を増やしたり、入居時の初期費用をオーナー負担にしたりするなどの施策をするべきです。

値下げの他にも賃貸条件の変更としては、「女性限定」物件として入居者特性を絞り込んだり、「ペット飼育可能」物件とするなど、金額以外のところで、条件の付加・または緩和をすることも1つの手段です。

有効に働くかどうかは、地域特性もあるため、事前に充分な検討が必要となります。また、対入居候補者ではなく、対客付業者に有効なのが広告費（ＡＤ）です。

仲介手数料は原則１ヶ月分ですが、家賃設定が低い物件の場合、営業担当者から見ると、積極的に客付けをしようというインセンティブが働きません。ここについて、ＡＤ２（賃料２ヶ月分）やＡＤ３（賃料３ヶ月分）等の広告費という名目の手数料が上乗せされることで、積極的な紹介がなされることが期待されます。

露骨な部分ですが、オフィシャルにＡＤとして出すと、賃貸の営業担当者としては、あくまで会社に入るお金となってしまうため、「営業担当に直接握らせる」渡し方をする大家さんもいたりします。「人を動かすのにお金」というのはわかりやすいところですね。

③物件価値の増進

物件の魅力を上げることで、成約に仕向けるアプローチです。コストが掛かるのと、業者任せにしないのであれば、若干の手間とセンスは必要になってきます。

分かりやすいのは、謳い文句にできるような設備の追加です。

例としては次のようなものがあります。

・無料でインターネット利用可

・モニター付きインターホン
・ウォシュレット
・ＩＨコンロ
・室内防水パン

（外回りなら）
・宅配ボックス
・駐車場
・駐輪場

このように、賃貸募集サイトの「設備」のチェックボックスに、該当するような部分を付け加えていくことで、より検索されやすくなります。

そして、プラスアルファとして大きいのが、お部屋の雰囲気作りです。

特にシングル向けの１Ｒや１ＬＤＫタイプなどは、男性向け・女性向け、モダン系・ナチュラル系など、壁紙や床材の組み合わせで、テイストを大きく変えることができます。

退去後の修繕を、とりあえずの原状回復で終わらせてしまってはもったいないかもしれません。尖らせすぎて「うわっ、こんな内装、誰が住むの？」という改装はNGですが、一定層に「刺さる」部屋が作れると、今まで苦労していた賃貸付が、高めの賃料設定でも決まってしまうということも実際に起こりえます。

実際に私が東京都下で保有している木造アパートは、「購入前の募集賃料：3・2万円」から、「購入・リノベ後：5・8万円」で成約できています。実に181％の家賃アップです。

不動産投資というものは賃貸の稼働中は自動で稼いでくれる「ただの投資」の色合いがあるものの、いざ空室の発生時には、やはり「賃貸経営事業」だと認識されます。

場所がすごくよかったりすると、たいした修繕をしなくても、すぐさま入居がついたりして経営手腕を発揮するまでもない羨ましい不動産もありますが、それは稀です。

土地・建物の持つポテンシャルを最大限引出してあげるのは、やはり不動産オーナーの醍醐味です。

４・リフォーム業者の付き合い方

前項で触れたように、賃貸経営に本気で取り組むプロとしては、リフォーム業者さんとの円滑な関係は欠かせません。

通常空室が発生した際には、管理を委託している管理会社が修繕業者を手配し、見積もりを提案してきます。もちろん、出てくる見積もりは、管理会社の手間賃が上乗せされた形になっています。オーナーに優しくない管理会社だと「リアルな（修繕業者の）見積もりに一律で20％乗せています」という話も耳にします。

一方で、不動産業者や専業大家などのプロは管理会社が外注する先の「リフォーム・修繕業者そのもの」と直接請負契約を締結するのが当たり前になっています。

賃貸経営において、この修繕費用は結構大きなコストです。入居候補者の内見が入るように、写真映えするようにしたい。その反面、過度にお金を掛けると投資として成立しない。

この問題は大家業をやっている人であれば、誰しもが経験するところ。管理会社から上がってきた見積もりを鵜呑みにするのでは、いつまでも素人の域を脱することはできません。

仮に保有している物件の入退去に際して、毎回20万円ほどの修繕費用がオーナー負担として発生しているとすれば、20％の上乗せをしている管理会社経由で委託すると毎回4万円が搾取されていくわけです。数件の修繕であれば「まぁ、付きあいもあるから」と飲み込めるかもしれませんが、10回で40万円、100回で400万円です。保有物件、戸数が増えていくと、このコストがバカにならないことがよく分かります。

「楽待」の中にある「大家さんの味方(https://www.rakumachi.jp/ooyasan/)」というコーナーでは、修繕項目にジャンル分けされたところから一括見積もり依頼などもできるため、「なんか管理会社からくる修繕見積もりが高い気がする」という方は一度試してみるといいでしょう。

あとは「大家の会」等のコミュニティに参加して、「○○地方でお勧めの修繕業者さんがいたら紹介してほしい」といった形で実際の口コミ、評判から入るのも失敗しにくい方法です。

特に大きめの工事であれば、複数の業者さんに見積もりを提示してもらう、相見積もり（通称アイミツ）を取るのも一手。ただ、あまりに厳しく金額を詰めていくと、修繕業者も離れていってしまうため、相手の利益を考慮することも必要です。

紹介してもらった修繕業者などから、何件か施工してもらい、最終的にはその地域ごとに2、3社、やり取りのスムーズさや仕上がりの程度が一定の満足度を得られる業者を捕まえておけると理想です。

リフォーム業者さんにありがちな傾向として「評判の向上」→「仕事が一杯入る」→「スケジュールが一杯になる」→「工事がすぐに受けられない（3カ月後の施工等）」というものがあります。

賃貸経営に際しては、入居に間に合わせたい急ぎの工事もあれば、年内に外壁塗装したいといったスケジュールにゆとりのある工事もあります。

お互いにビジネスですから、「こっちは客だ！　早くやれ！」という態度ではうまくいきません。相手の利益・相手の忙しさ等を汲み取って采配できるよう、タイミングや得意分野によって使い分けていくのがよいでしょう。

一応、管理会社が抜く行為についてちょっとだけ擁護しておきます。

数百戸・数千戸を管理する不動産の管理業者に食い込んでいるリフォーム業者は、日々発生する原状回復工事やリノベーション工事、時折ある大規模修繕工事などの仕事があるため、新規開拓の営業にリソースを割かなくてすむというメリットがあります。

そのため、全体のボリュームで値下げされている部分もある（かもしれない）点、日頃から依頼を受けていることから一定レベルが担保されている（可能性がある）点、片手間のサラリーマン大家としては修繕業者への連絡といった手間がかからない点などのメリットもあります。そのため管理会社経由での修繕依頼が必ずしもＮＧというわけではありません。

しかし、プロ化を目指すのであれば、直接のやり取りはぜひ経験するべきです。

5・修繕依頼の指示はどうすればいいのか？

いざ不動産投資を始めると「若い女性向けのお部屋を作ってみたい」「男受けするカッコイイ部屋を作りたい」等々、貸す側に回った人ならではのリノベーションを希望される方もいるでしょう。ただし、これを身振り手振りとお話だけで、職人さんたちとの意思の疎通を図ろうとするのは難しいものがあります。

基本的には賃貸向けのアパート・マンションの原状回復工事を得意とした修繕業者に「内装おまかせ」で丸投げすると、「キレイだけど無難」なところに落ち着くことが多いです。万人受けしそうだけど、特定の人に刺さるものではないといった感じです。その物件が希望賃料でリーシングできるのであれば問題ありませんが、何か強みを持たせないと入居付に響かない。そんなときのリノベーション工事は、こちら（大家側）から仕掛ける必要があります。

慣れないうちは、Ｗｅｂサイト、特にGoogleの画像検索やリノベーション業者の施工例があるサイト等から、「こんな雰囲気にしたい」と参考になる内装のＵＲＬを送ったり、画像をまとめて提示したりするのが早いです。

さまざまなリフォーム・リノベーション業者が、施工例をＷｅｂに掲載していますが、個人的に参考にしやすいところとしては、収益不動産の再生事業等を扱っている「株式会社ＭＥコーポレーション」のリノベーション施工事例（http://me-reno.jp/archive/）がバリエーションに富んでいてお勧めです。１Ｒ／１Ｋ（21平米以下）のお部屋をターゲットに35万円の定額制リノベという謳い文句もあるため、そのまま相談してみるのもアリかもしれません。

また、２ＬＤＫや３ＬＤＫ等のファミリータイプの物件の場合の参考事例としては、新築マンションの内装を真似るのが有効です。

ＳＵＭＯ等の検索ポータルで新築マンションを地域等で検索、または特集ページなどを閲覧します。「室内空間」等の項目から、内装写真を見ることができる物件があるため、これらを参考に壁紙や床など、リビングや各居室の組み合わせ、全体の雰囲気などをピックアップします。あまり早すぎる分譲情報だと、外観のパースや街の雰囲気等しか掲載されていないため、物件所在地などは無視して、内装写真があるものを探しましょう。

これらのＷｅｂサイト等から、スクリーンショット（Windows10 以降だと Snipping Tool が楽です）等で、ワードやパワーポイントなどに貼り付けるなどして、業者さんに送信するのが、簡単です。もし、特定の使いたい具材、シャワー水栓や、照明器具、モニターホン等が決まっているのであれば、設備なら Amazon や楽天などから、そのＵＲＬや品番・価格の記載箇所をまとめて提示したり、壁紙等であれば、Ｗｅｂカタログ（リアルなカタログがもちろん理想）から、品番と施工箇所を写真や平面図で図示したりするとよいでしょう。参考に私が修繕業者さんとやり取りをした際に簡単にまとめたパワーポイントの資料を上げておきます。本業の方でリフォーム業者さんに依頼するときも、これを使っているので、概ね通用するはずです。

参考例①　女性向け　白・紺ベース

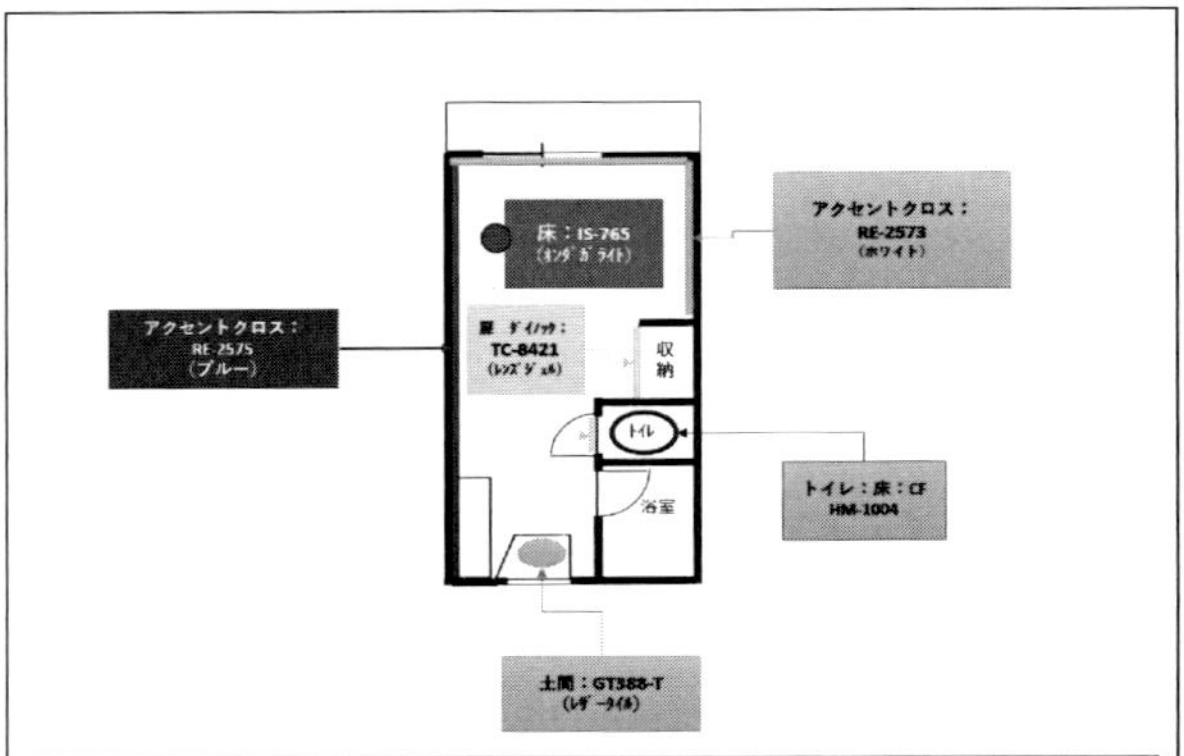

※品番はカタログ発行のタイミングで変更となる場合があります。

参考例②　男性向け　黒・シルバーベース

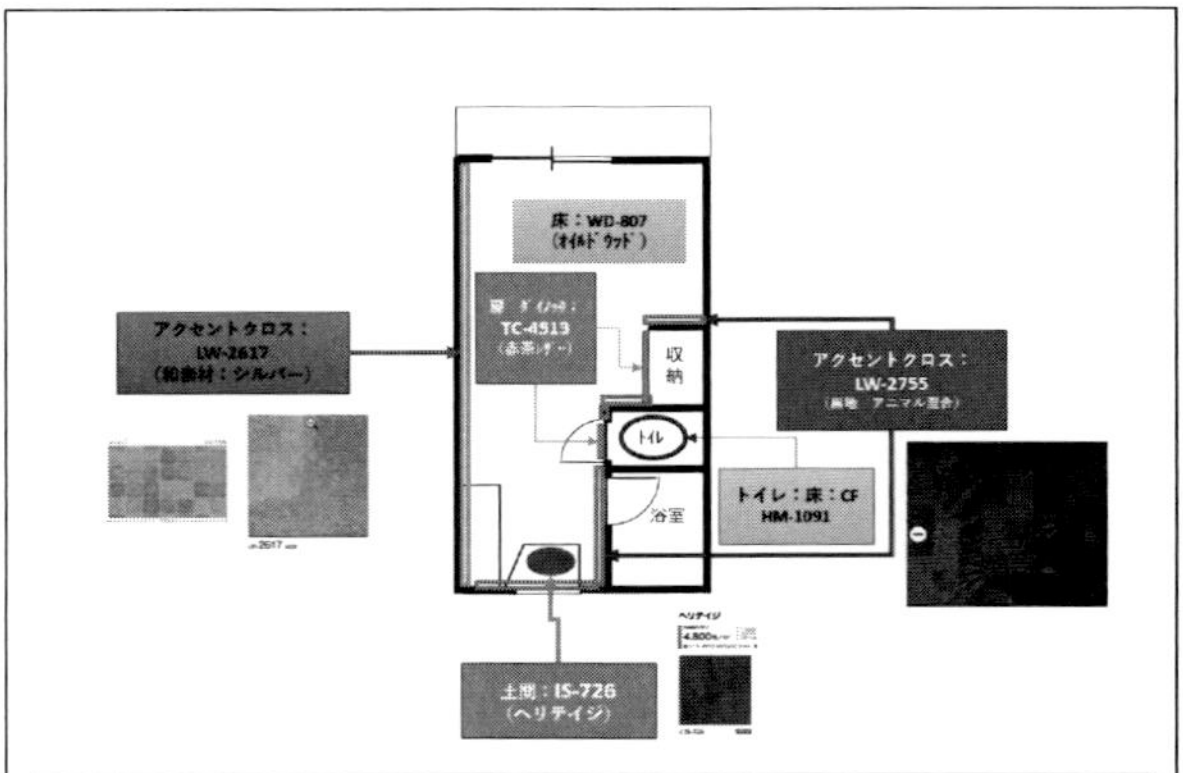

※品番はカタログ発行のタイミングで変更となる場合があります。

参考例②をもとに行った修繕

↓

6・プロパンガス業者を活用する

インフラの1つであるガス。

今お住いのご自宅は都市ガスですか、プロパンガスですか、それともオール電化ですか。プロパンガスのお家の場合、宅内の配管が「プロパンガス会社のモノ」という場合があるのをご存知でしょうか。

「配管等の初期設備をウチ（ガス会社）で負担しますから、ウチのプロパンを使ってください。初期設備の費用は、毎月のガス代に乗せる形で徐々に返してもらいます」というようなシステムです。

以前は都市ガスのあるエリアは都市ガス、それ以外はプロパンガスという単純な色分けでしたが、現在はオール電化という選択肢も台頭してきたため、プロパンガス業者の競争は激しくなっています。

そして昨今、これがさらなる進化を遂げており、不動産オーナーに向けての営業として「給湯器のフルメンテナンス」「エアコン」「モニター付インターホン」「ガスコンロ」、このあたりまでプロパンガス業者が面倒を見てくれるケースがあります。

これらの費用を羅列してみると次のようになります。

・給湯器（交換・新規設置）：15万円
・エアコン（交換・新規設置）：15万円
・モニター付きインターホン：1万円
・ガスコンロ：1万円

合計　約32万円

戸建の1世帯ならまだしも、これが一棟アパート・一棟マンションで10世帯なら３２０万円、20世帯なら６４０万円、これだけの設備費用となると、不動産投資家・大家としてはオオゴトです。他にも無償インターネットやウォシュレットなどまでサービスで無償貸与ということもあります。

これらの設備関係がすべて無料となると、大家としては嬉しい限り。また、設備の貸与といったサービスではなく、戸当たり○万円といった「紹介料」等の名目でお金をもらえるケースもあります。

一般的に、設備の貸与期間（または紹介料部分）は10～15年に設定されることが多く、この間に徐々に減価償却していくイメージです。そのため定められた10年や15年の間に、プロパンガス業者を変更する場合などは、未償却部分について一括での支払いを求められる形です。償却が終わるまでは、あくまでプロパンガス業者のモノ（が貸与されている）という認識。

ただ、このサービス競争は激化していますので、前のめりなプロパンガス業者だと「携帯電話のナンバーポータビリティ、違約金負担します」というレベルで、その未償却部分や違約金の支払いまで飲み込んだ乗り換えを提案してくれる会社もあったりします。

こういった、過剰とも言えるサービスが横行しているのは、やはりプロパンガス業者がそれだけ儲かるから。インフラからの毎月安定収入はやはり強いものがあります。

目の前に都市ガスが引き込まれ、前のオーナーの時まで都市ガスだったのに、わざわざプロパンに切り替えられた賃貸物件、というのも実際に見かけます。

ただ、これらの設備や紹介料の出処を突き詰めると、結局は「入居者が負担するガス料金」です。ここに上乗せして回収されます。都市ガスと比べてプロパンガスは月額料金が高いと言われますが、それはこの部分が関係しています。追加設備の項目だけに注目せず、入居者のガス料金が上がりすぎないことは念押しで確認が必要です。

「毎月のガス代が高くなろうとも、その負担は入居者だから関係ない」とやってしまうと、露骨に高いプロパンガスに嫌気が差して、それを理由に退去続出となってしまっては元も子もありません。

また、賃貸募集に際しても、「プロパンガスが高い」とのイメージから、お部屋を探している人から見て、選択肢があるエリアの場合は、「都市ガス」の部屋が求められるケースも少なくありません。

このあたりは、プロパンガスを活用する際の不動産オーナーのデメリットとなります。

現状で都市ガスが入り、稼働状況がいい物件であれば、プロパンガスへの変更はガス器具の変更とガス料金のアップという条件変更となるため、わざわざ変更する必要はありません。

プロの不動産業者・不動産投資家は、すべて空室のような物件を購入してリノベーションをする、新築アパートを建築する、こういった場合にプロパンガス業者のサービスをフル活用し、給湯器をタダで新品に交換しています。

特に、既存でプロパンガスが供給されている物件であれば、その変更をいくつかのプロパンガス業者にヒアリングしてみると、色々な条件提案を受けることができるかもしれません。また、それを元に既存のプロパンガス業者にも相談すると「ウチならココまでやるから替えないで！」という話が出てくることもあります。リフォーム業者の相見積もりのごとく、プロパンガスも相見積もりは有効です。

7・プロが考える修繕予算

ここでは、特に室内のリノベーションについて「バリューアップに向けての修繕」という意味で定義してお話しします。ただの原状回復ではなく、付加価値増進のためのリノベーションについてです。

リノベーションをすれば、賃料を上げられる可能性がある、少なくとも入居付けがしやすくなる。このこと自体に異論はないでしょう。

ただし、空室がある物件を購入する際に、プロがまず考えるのは、「いくらまで掛けるか」です。リノベーションによって目指すべきは、「保有期間中の賃料アップ」そこから「売却価格のアップ」です。

たとえば、1室3万円のアパートがあったとします。ここに、アクセントクロスやオシャレな照明、ＩＨコンロやモニターホンなど、設備を増設してリノベーションを施すと4・5万円の賃料が見込めるとします。その工賃が50万円であった時、

「家賃が上げられても1万５０００円か。年間で18万円、回収できるのに3年近く掛かるな。普通の原状回復にしておくか」

こんなふうに考えていたりしませんか？
それは決して間違いではありませんが、プロはその先を考えます。
このアパートが全10世帯だとします。
この物件の年間売上は、３万円×10戸×12ヶ月で「年額３６０万円」です。
ここに、先ほどのリノベーションを施すと４・５万円の賃料が見込めるとします。
こうなった場合、４・５万円×10戸×12ヶ月で「年額５４０万円」。家賃収入の年間の差は５４０万円－３６０万円で１８０万円です。
続いて、売却時の金額に反映させてみましょう。利回り８％での売却が見込めるエリアであれば、戸当たり賃料３万円のときは、
３６０万円（年額）÷８％＝４５００万円
戸当たり賃料４・５万円のときは、
５４０万円（年額）÷８％＝６７５０万円
差額は６７５０万円－４５００万円で２２５０万円です。
たかが1・5万円と思うかもしれませんが、それが、売買価格ベースに頭を切り替えると「２２５０万円」という大きな金額となります。

逆を言えば、今現在3万円前後で入居しているが、「退去した部屋からリノベして4・5万円で入る見込みがあるのであれば」、全体で2250万円、戸当たり225万円まではお金を掛けても損はしないと読むことができます。

また、単純計算で年額で180万円の賃料がアップするため、仮に5年間保有するのであれば、180万円×5年＝900万円の価値があります。売却時と保有時における価値増加分としては、「2250万円＋900万円」、合計3150万円。

戸当たり315万円以下で、入居が付きやすくなるのであれば、実施する意味があるといえます。もちろん、それよりも安く上げることができれば、利益・資産価値が増加します。

この簡単な頭の体操をするだけで「リノベーションにいくらまでなら使っていいのか」という部分が把握できます。

ただし、前提条件には要注意です。不動産の賃貸マーケットは、地域によって賃料相場の上限があります。まずはSUUMOやHome'sなどの賃貸ポータルサイトから、賃貸物件の広さや駅距離、所在地等で類似物件を絞り込んで、賃料相場を把握しましょう。

同規模の賃貸物件について、賃料の安い順に並べ替えをして、下限の賃料と上限の賃料を見て、自分の持つ（または取得予定の）物件の賃料が、どこのポジションにいるのかをチェック。

今現在が、検索結果の最安値に近いところに位置していれば、リノベーションによる賃料の上昇余地があるかもしれませんが、高めの賃料でリーシングができているのであれば、ここからのリノベーションは過剰な投資かもしれません。投資という大前提において、回収が見込めないようなリノベーションは、ただの自己満足か慈善事業です。

入居者の退去後、管理会社や修繕業者から「簡単な原状回復なら20万円前後です。リーシングのためにアクセントクロスに変更、エアコンと洗面台の交換をすると約50万円です」といった提案があることは珍しくありません。

こういった提案をされた時、「あぁ30万円も差があるなら、簡単なほうにしておこう」と完結してしまうのは簡単ですが「その良い修繕をしたら、賃料を上げられるのか」という発想で考えてみることは大切です。

ただし、やるべきは、入居率と賃料上昇・売却価格アップを見据えた上で、最大限の効果が得られるリノベーションです。それが結果的に入居者満足・地域貢献などに繋がります。

あくまで不動産投資のプロが目指すべきは「高く貸す」「高く売る」ことであって、リノベーション自体はそのための有効な「手段の1つ」に過ぎないことを忘れてはいけません。

8・大規模修繕におけるプロとアマの違い

区分所有の場合は自分の裁量が利かないので、これは一棟物件や戸建という前提です（区分所有マンションについては、修繕積立金が管理組合に毎月強制徴収されます）。

一棟アパート・一棟マンション等について、一般的には次の表にあるように一定の時期を目安にメンテナンスを実施するといいとされています。

※一般的な時期についてはHome's掲載の上表をご参照ください（出展：http://urx.nu/iyMf）。

修繕の部位	修繕時期の目安
屋根、屋上の防水加工	10年前後
外壁補修、塗替え	10年前後
鉄部防錆加工	３～５年前後
機械設備等	15～20年前後
給排水管の補修、交換	15～20年前後

※上記は一般的な目安であり個別事情により異なります

鉄骨（S）造や鉄筋コンクリート（RC）造の一棟アパート・一棟マンションの平たい屋上は、陸屋根と言いますが、定期的な防水工事・メンテナンスが必要です。一般的なところでは、屋上防水は10年前後に1回と言われています。

戸建てや小さなアパートで昔ながらの陶器の「瓦葺」については

50～60年、「スレート葺（比較的近年の薄い瓦みたいな屋根）」については、10～20年等でメンテナンスが必要と言われることが多いです。その他、外壁や鉄部の塗装なども、雨水の浸水対策・さび防止と共に外観の良し悪しに多大な影響があるため、本来であれば定期的にやりたいところ。

これらに備えられるよう、一棟物件のオーナーは、毎月の賃料収入から一定額をプールしておく必要があります。

大規模修繕は、根本的に「建物を長く活用すること」を目的として実施するものですが、ここではプロと言っても「不動産業者」と「不動産投資家」とで考え方が異なります。

比較的短期での売り抜けを目指す不動産業者のプロが求めるのは、優良な建物の維持そのものではありません。

大規模修繕を実施することで生まれる副次的な効果の方に注目していたりします。それは、見た目の改善から派生する賃貸の「賃料・入居率アップ」と、それに伴う売買の「販売価格のアップ」です。

大規模修繕工事を直近で実施してあり、当面大きな支出は発生しないであろうという「安心感」。ストリートビューや販売図面において、写真映えする「見た目」の良さ。

特に屋上防水工事については、買主となる顧客への安心感の提供だけでなく、宅建業者から一般顧客への販売について、法的な瑕疵担保責任（2年以内に雨漏りがあったら保証義務）が付いてくるため、それを事前にクリアすることができる売手側の安心感もあります。

また、外壁・エントランスや共用廊下、集合ポストなど、目につきやすい共用部の大規模修繕を実施することで、賃貸におけるリーシング面にもプラスの影響があります。クラック（ヒビ）の入った、見るからにオンボロなマンションよりも、今どきの綺麗な塗装が施された外観に、人は魅かれます。空室がいとも簡単に埋まるようになれば、少し賃料を上げてみるのも一手。それで入居が付けば、利回りが上がるため、売却する際にも高く売れることが見込めます。

もちろん、外観での判別は、賃貸入居者だけではありません。売買のプロであったとしても、物件の「顔」は、入口時点の判断材料として、とても重要な部分です。業者であるプロでさえ「見た目」に影響されるのですから、個人投資家の購入是非の判断には大きな影響があります。また修繕の履歴によって、金融機関の評価にプラスアルファがあるため、少なからず買い手の融資成立可否に影響があります。

このように、プロ業者が考えるのは、売買を想定した修繕の費用対効果です。

それに対して、ある程度の中長期の保有をイメージするプロ投資家として、考えるべきは、その保有期間中に、入居者の退去に繋がるような大きな問題が発生しないように、維持・管理するための大規模修繕です。

２３２ページの一覧表のように、大まかな目処はあるものの、「いつ・いくら掛けてやるのか」その判断については、不動産オーナーの裁量によります。

室内リノベーションによって、訴求力を向上させ、募集賃料を高めに設定するということは、イメージしやすいところ。一方で、屋上防水工事や、鉄部の塗装を実施した時に、どれだけそれが賃料に跳ね返るか、入居付がしやすくなるかは、予測することが難しい面があります。「屋上防水を最近施工したからここに入居しよう」と考える賃借人はおそらくいないでしょう。他にも水道ポンプや機械設備等、目にも見えないところは評価されにくい傾向です。

そのため、一切合切を含めた外装・共用部の大規模修繕は、行きすぎない範囲で先延ばしにする（10～15年でのメンテナンス推奨項目であれば、15～18年粘る等）ケースが多く見られます。実際、不動産オーナーの立場からすると、小さな不具合が出た際は、適時細かい修繕で対応し、屋上防水や外壁塗装など、全体的に支出の大きくなる項目は、「まだ大丈夫」と先延ばしにしたくなるものです。

投資効果を考えると、そうなりがちですが、あまりにメンテナンスをしないと、今度は建物そのものに大きな不具合が出るなど、投資対象が瓦解《がかい》するリスクがあります。給水管の故障や全体的な雨漏り、カビの発生などで、入居率がガクンと落ちて、修繕に甚大な費用が発生する。そんな事態だけは避けなくてはなりません。

本来は、先ほどのHome'sの表の目安に、大規模修繕を実施するべきですが、コストと効果を見極めながら、入居者の安全に関わるような必須の箇所については厚く、直接的な影響が少ない場所や見た目だけの問題については適時と、バランスを取りながら実施していくのがベターでしょう。

物件の売却時や中古物件の取得時も1つのタイミングなので、大規模修繕を「売る前にやるか、やらないで売るか、買ったときにやるか」というのも、不動産オーナーの判断によるところです。

一般的には、不動産業者が手を入れて（大規模修繕して）販売した物件ではない場合、購入直後に大きな修繕をやる人が多い傾向です。ただし、賃料収入によるインカムゲインを貯めた後に、実施するのもアリです。この自由度は一棟物件のいいところと言えるでしょう。

9・プロがしているリスクヘッジ

地震大国である日本の不動産投資において、災害の発生は頭を悩ませる項目です。投資する対象が、土地・建物という現物そのものですから、火災による消失や、地震における倒壊などは、「賃貸」自体ができなくなる致命的なリスクとなりえます。

これらの自然災害に対応する、主なリスクヘッジ方法としては、プロ・アマに差はなく、保険への加入が挙げられます。あまり記憶になくても、アパートローン等の融資を使うにあたっては、火災保険の加入が必須であるため、意図しないうちに入っているでしょう。

自然災害によって、建物が大ダメージを受けてしまった際に、その保険を適用して、建物の修繕を行い、再び収益物件として稼働してもらうのは、当たり前の話。

いかに修繕に保険の適用を絡められるかという点では、プロの方が一枚上手です。「払った保険料よりももらった保険料のほうが多い」と豪語するメガ大家さんもいるくらいです。

特にテレビで取り上げられるような台風や大雨での災害、名称が付くような震災など、保険会社内で「認定番号」が出たときの査定は緩くなるのでチャンスと言われています。

火災保険の内容にもよりますが、火災保険の適用範囲としては、火災はもちろん、落雷、ガス爆発、風災、雪、雹、水、飛来物や漏水、盗難などが挙げられます。また、建物内での水漏れ、雨樋や屋上の修繕、ガラスの破損などにも適用されるケースがあります。

私が自分で保有するアパートで、修繕の際に絡めたのは、「大雪」です。「雪害《せつがい》」での保険適用には次のような項目があります。

・屋根（の歪み）や雨漏り
・雨樋（あまどい）の破損
・カーポートや駐輪ポートのポリカ屋根の破損
・アンテナの破損　他

積雪が原因で壊れるところがないか想定してみてください。自分の保有しているアパート・マンションなどで、これらの故障、不具合があった場合、この大雪が原因（と推察されるもの）であれば、保険適用となる可能性があります。いざ被害に遭った時には「〇年〇月〇日の大雪による被害です」といったように日付と原因を把握しておきましょう。

また、災害のリスクヘッジを優先するプロ投資家の中には、投資エリアを分散させる人もいます。

その他のリスクヘッジには次のようなものがあります。

・空室リスク対策

空くところで買わない。「空きにくい、賃貸の入りやすい場所で買う」と言ってしまうと身も蓋もないですが、入口で間違えるとどうしようもありません。賃貸需要の強いところ、できれば都心部、できれば駅近が理想です。あくまで理想なので、現実的に判断してください。

空室リスクのカバーについては、サブリース契約（借上げ保証）があります。

ざっくり書くと、サブリース業者が賃借人として借り上げ、他の人に転貸（また貸し）して業者は差益を得るというもの。オーナーには実際の入居の有無に関わらず、毎回賃料が入ってくるという、それだけ聞くと嬉しいシステムです。

ただし、本来10万円入ってくる賃料相場であれば、自分に入ってくるのは8万円等、収入が抑制されます。また、「長期の借り上げ」を売りにしているところも、たいていは「借り上げ賃料」は2年ごとでの見直しが入るので注意が必要です。

シェアハウス投資で話題になったように、サブリースする会社そのものが飛んでしまうこともあるので、その与信力は自分で判断するしかありません。

・滞納リスク

家賃の滞納が発生した際には、まともな管理会社であれば、入居者に対して督促《とくそく》します。入居者が払わない場合は保証人の親族というケースが多いものの、いざ連絡しようとすると繋がらなかったり、支払いを渋られたりすることも少なくありません。

家賃保証の会社が入っている場合は、あくまでビジネスなので、規定通りにスムーズな入金があるため重宝します。

・借入金利の上昇リスク

現金で購入している際には関係ありませんが、アパートローン等、変動金利の融資利用で購入している場合には、固定金利への切り替えが一手。切り替えができなければ、借り換えも模索してみましょう。ただし、そうそうやたらと変動金利そのものが上がるかどうか。ここばかりは自己判断・自己責任です。

・流動化リスク&不動産価格の下落リスク

売れる場所で売れるものを買うことに尽きます。「売りやすいもの」という前提で購入すると、大きな失敗は少ないでしょう。つまるところ、「流動性の高いエリア（都心部・首都圏）で、それほど価格帯が大きすぎず、土地の価格に近いか（土地としての出口）、または新しい物件（築浅中古としての出口）」が理想的です。

あなたが5年後や10年後にその物件を売るとして、買う人を想像してみてください。その物件は、ローンが組めるでしょうか？　上記のような立地の不動産であれば、そもそも下落リスクも少ないでしょうし、いざ下がりだしたときの売り抜けも狙えるでしょう。

第7章

プロが教える損切り・売却テクニック

1・悪い物件をつかんでしまった時はどうするのか？

「物件のパフォーマンスが思ったよりよくない、いや悪い」

そんな損失が出続けるような失敗は、それをペイできてプラスになるような見込みがない限り、即刻見切りをつけるべきです。傷口は浅いうちに処理する方が身のためです。

まずは、自分の行っている投資が成功か失敗かを知る必要があります。毎月キチンとお金が入り、売却までのプランもできているのであれば、若干のパフォーマンス（入居率等）のブレなどは心配ないかもしれません。

露骨に失敗が疑われるのは、思ったよりもお金が入ってこない、毎月返済のために給与所得から支払っているという場合です。「あれ、なんかおかしいかも」と不安になってきたら、複数のプロに相談するべきです。

販売してくれた売主業者や仲介の担当者ではなく、セカンドオピニオン、サードオピニオンとなる「他のプロ」に話を聞いて、判断材料とします。

投資用物件を扱う不動産業者や、「大家の会」などの集まりで、投資家側でやり込んでいるプロ大家さんは、相談の対象として有効です。

過去に物件を販売した（売りつけた）担当者の立場であれば、それを顧客に「失敗」と思われないように、どうすれば改善できるか、どう認識させれば、失敗ではなく「投資の過程」と思ってもらえるか、充分に配慮した回答をするだけです。

それなりに知識のある第三者が客観的に見れば、全員が「それ失敗していますね」と指摘する内容でも、購入者本人は失敗と思っていないことも少なくありません。

ただ、儲からない不動産投資の「手仕舞《てじま》い」には相当な痛みを伴います。

たとえば、当初の借入が４０００万円、数年の保有期間を経て、残債務が３６００万円、売却できるであろう価格が３０００万円とします。この時点で６００万円が不足です。加えて、売却時の諸費用（仲介手数料他、返済手数料や印紙代等）で約１００万円、合計７００万円程の現金が手仕舞いに必要な「持ち出し」となります。

ずっと耐えてきて、最後もマイナスで終わる。投資としては完全に失敗です。

では、そんな痛みを飲みこんでまで、損失を確定させて、見切りを付けなければならないのか。資産の目減りが激しかったとしても、ＦＸのように、「ロスカット（強制決済）」されたり、「追証を求められたり」ということがないのは不動産投資のいいところです。たとえ、所有している不動産の価値が半分になったとしても「嫌だ、俺は失敗していない！ 持っていればプラスになる！」と保有し続けることも、返済が滞らない限りは、自由。もちろん、保有期間を長くすれば、返済は進み、残債務は減っていきます。

しかしながら、毎月・毎年、恒常的な損失が出続ける場合には、明確な逆転のシナリオがない限り、早めに手放すことをお勧めします。

なぜなら、不動産の場合、外貨や株式と違い、歳月の経過に伴って、建物は古くなり、設備は陳腐化、賃料はゆっくりと下落していくのが定石であるからです。

現状の稼動（賃貸状況）が良いにも関わらず、収支がトントンか少しの持ち出しであるような場合は、今後の大きな改善を簡単には見込めません。むしろ、状況はゆっくりと悪化していくでしょう。

賃料が下がると、それは、利回り・売却価格に直結します。残債務額が減っていても、それ以上に売却できる価格が下がってしまえば、結局手元には損失しか残らなくなります。

今の運営状況が厳しくても、「完済すれば、すべて入ってくるようになりますよ！」という言葉を信じて保有し続けるのも一手ですが、そのアドバイスをした人がどのポジションから話をしているのか注意が必要です。

ここまでは「売って手仕舞いできる」レベルでのお話です。かなりの痛みを伴う反面、腐りだした四肢の一部をそこで切り離すことができれば、致命傷となることを避けられるかもしれません。

失敗しているケースで一番多く、それでいて取り返しがつきにくいのは、物件の持つポテンシャルを見誤り、多額の融資を受けて、高く買いすぎてしまっているパターンです。「1億円の借入があるのに、査定金額は５０００万円。不足分を現金で賄《まかな》って抹消するなんてとんでもない」こんなふうに「ハメ込まれた」エリートサラリーマンの方々も少なくありません。

こういったケースでは、抜本的な改善というのは難しいですが、主な方法としては家計の改善と同様に「収入を上げるか」「支出を下げるか」という両面からアプローチします。

物件からの収益性を上げる

・稼働率（入居率）の改善
・リノベーション
・管理会社・募集方法の変更

管理会社の担当者からアドバイスをもらって、必要なリノベーションを入れたり、賃料を下げたり、フリーレント期間を設けるなど、入居者のターゲット層に訴求力のある物件に仕上げていきます。管理会社が頼りなければ、管理会社自体を変更する等、人に頼り切らずに自ら動いていく必要があります。その他、太陽光発電や自動販売機の設置等、さらなる「土地・建物の活用方法」がないか、模索するべきです。

支出を抑制する

・借り換え
・利下げ交渉
・繰り上げ返済

物件は満室で収入のさらなる向上は限界、それなのに儲からないのであれば、次は支出面の抑制です。管理フィーを減らすために管理会社の変更もあり得ますが、主には借入返済の圧縮です。

借り換えの検討や、借り換えの話から「金利を下げてもらえないか」という交渉もアリです。

また、繰り上げ返済によって、期間ではなく、毎月の返済を圧縮する方法もあります。

物件に見合わないローンを組んでしまって「収入に対して返済が厳しい」という場合、抜本的な改善というのは難しいですが、上記のような改善で「毎月をプラス」に持っていけるのであれば、他に収益性の高い物件を自分のポートフォリオに加えて、全体のバランスを取るなどで、まだ戦っていけるかもしれません。

いずれにしろ、不動産投資の失敗はリカバリーしにくいため、スタートの時点で投資の是非を見極める力を本書などを参考に、ぜひ身につけてください。

2・売却判断のポイントは「正月を6回迎えたか」

最も理想的な不動産投資は、毎月の収支がプラスで売却益も出るという、いつ売却しても勝てるパターンです。

「投入した自己資金∧売却益（＋）＋保有中の累計ＣＦ（＋）」

しかしながら、明確に売却益を見込めるような案件は、不動産業者の土俵で戦うことになるため、簡単には取得できません。実際のところ、手堅い勝ち方は、キャピタルゲインでは、若干のマイナスになっても、毎月・毎年のキャッシュフローの積み立てが大きくなるパターンです。

「投入した自己資金∧売却益（少し－か±0）＋保有中の累計ＣＦ（＋）」

後者については、時間の掛け方で成否が異なります。賃貸として稼動する適正な物件であれば、長期的に持てば持つほど、累計のキャッシュフローは多くなります。反面、建物は古くなりますので、売却できる金額と賃料のダウン、修繕費等経費率のアップを見込む必要があります。

リーファ等のシミュレーションを活用しつつ、購入を検討する時点で「〇〇年後に売るのがよさそうだ」というアタリを付けておき、年に数回、リアルとの整合性をチェック。購入時のシミュレーションから、保有予定期間を迎えた時点で「もうしばらく持つか」「本格的に売却活動に動き出すか」をあらためて検討するのがよいでしょう。


個別案件における売却判断においては、物件購入時から「正月を６回迎えたか」というのは外せないポイントです。

これは個人投資家における「短期譲渡所得になるか、長期譲渡所得になるか」の境目のお話です（資産管理法人での投資の場合、法人税に一括りのため長期・短期は関係ありません）。保有期間５年以内での「短期」譲渡の場合は39％、５年を超える「長期」譲渡の場合は20％の譲渡税（国税と地方税の合計）が譲渡益に課されます。

仮に１０００万円の利益が出たとして、４００万円持っていかれるか、２００万円持っていかれるかというのはとても大きな違いです。取得の日から譲渡の日までの保有期間で判定するのではなく、１月１日現在の所有期間で判定するため、６度目の正月を迎えてようやく「長期」と見られます。

税率だけを見ると、誰もが「長期になってから売るに決まっている」と思われるかもしれません。しかし、実際にはその5~6年間に建物は古くなり、相場は変動する可能性があります。「あの時、短期譲渡でも売っていれば」というケースもあることから、どちらが正解かは、振り返ったときにはじめて分かることです。

ただし、不動産のマーケット相場は他の金融商品に比べると、動きが緩やかです。そのため、シミュレーションの活用に意義があります。

出口戦略の有無、これは不動産投資に注力されている投資家であっても、考え方が異なるところです。

私は、「売れるときに売っておいた方がいい」と思っていますが、「お金が入ってくるものを売る必要はない」というスタンスのプロ投資家もいるので、どちらが正解というよりは、あくまで1つの投資スタンスとして捉えてください。

売却を前提とする投資家としては「これからの大家の会」代表の「岡田のぶゆき」氏が有名です（不動産業者でもあります）。著書の『200万円から6年で20億円　売却から逆算思考する不動産投資』（ぱる出版）には、物凄い正論が書かれています。不動産投資家としても、不動産業者としても、お勧めしたい納得の一冊です。

さて、私を含め、お金が入ってくる投資用の不動産を「一定時期に売った方がいい」「出口戦略ありきだ」と考える人がいるのは、建物には「資産価値の減少」と「物理的な老朽化」がついて回るからです。

不動産は、土地と建物で構成されていますが、そのうち土地については、価格・資産価値の硬直性があります。地価公示が毎年発表されるように「変動しない」わけではなく、マーケットに引っ張られるものの、その変遷《へんせん》は緩やかです。対して、建物部分については、年率数%が、資産価値から確実に減少していきます。構造によって、その減価スピードは異なりますが、「実際に建物が使えるか、賃料に直接の影響があるか」に関わらず、公的な評価額とそれに伴う金融機関評価は徐々に減少していきます。

投資用の収益不動産においては、個人の住宅ローンと異なり、物件面の築年数や積算評価も融資において大きなウエイトを占めるため、古くなればなるほど買い手は融資を利用しにくくなります。最終的には、融資を利用しない現金買いの人や、高い金利・短い融資期間でも組み立てるような属性の人など、買い手となる顧客ターゲットが限られてくるため、マーケット相場よりも相当に安く売らざるをえなくなります。

超長期の保有に全力で賛成できないのは、再度販売する際に、やりにくくなるだけではありません。持ち続ける際に問題となるのは「物理的な老朽化」です。

新築後5年から10年間は、修繕といっても、入退去時の原状回復工事等、室内の設備や表装（壁紙等）といった簡単な内容ですむことがほとんど。

ただ、10〜15年、20年等を超えてくると、屋上防水工事や外壁等、共用部分の大規模修繕を無視できなくなります。特に建物規模が大きい場合は、数百万円・数千万円というコストとなることもあり得ます。加えて、不動産投資には保有するリスク（空室・滞納・震災等）もありますから、保有中は常に勝負を強《し》いられている状態とも言えます。

私はまだ拡大を図る時期なので、この売却を絡めた出口を取る戦略で進めていますが、これは投資ステージによっても異なります。

「不動産投資を拡大していく時期を終え、都心部の手堅い立地の物件が取得できていて、生活をしていくには充分なレベルのキャッシュフローを得られるようになった。残債務もかなり減っている。1つの物件で大きめの修繕があっても他の物件からの収益で補填できる」

こんなふうに「仕上がっている投資家」のレベルにまで到達できていれば、保有する耐性が高いため、超長期の最終的に建替えまでを視野に入れた保有もできるでしょう。

3．具体的な売却の手順と気をつけるポイント

それでは実際に売却をするとなったらどのような手順を踏み、どのような点に気をつけるといいのでしょうか。一般的な売却の手順は次の通りです。

①売買を扱う不動産業者に売却の相談をする
②査定・仲介業者からの売却金額の提案
③媒介《ばいかい》契約の締結（販売の依頼の契約）
④仲介業者による販売活動
⑤買主が見つかって、買付が入る
⑥売買契約の締結をする
⑦決済・引渡し

1つずつポイントを押さえていきます。

①売買を扱う不動産業者に売却の相談をする

まずは売却相談・査定依頼をどこにするかという部分。

出口戦略を考慮していれば、購入時点で「〇〇万円ぐらいで売れるだろう」というアタリはついているはずです。しかしながら、購入時点から数年も経過すれば、融資状況やマーケットも変動していて不思議ではありません。売却相談や査定自体はお金がかかりませんから、最新状況を知るためにも複数のプロの意見をヒアリングするべきです。

業者の選定は、購入する際に協力してもらった不動産業者や、管理会社、大手不動産仲介業者等から選択することもできますが、楽待の一括査定サービスなどを活用するのもいいでしょう。

②査定・仲介業者からの売却金額の提案

査定業者の目的は売主を儲けさせることではなく、仲介手数料に繋げるための「媒介契約」（売却の依頼）のＧｅｔです。これをいただかないと話になりません。

そのため、厳しすぎる意見は言いづらいこともあって、特にはじめは「まずはあなたの希望から」となるパターンも多いです。

「ウチだったらこれだけ高く評価しています。高い金額から販売を頑張ります」などと頑張る（言葉）で売主さんを気持ちよくして、専任や専属専任での媒介契約の取得を目指します。

売れない物件を預かっても仕方ないというスタンスや、そもそも不動産の買取り業者に卸すため初《しょ》っ端《ぱな》から査定を低く出してくる不動産業者もあるため、査定に関しては複数の業者に声を掛けるべきです。

ちなみに、私の所有していた東京都下（八王子）のアパートですが、査定額は以下の通り。

希望価格は2580万円と少し高めに設定してみました。

・O不動産：2000万円
・F企画：希望に沿う形でできます
・Mトラスト：1700〜2000万円（※提案：2080〜2490万円）
・K不動産：エリア的に扱えません
・L株式会社：連絡なし
・B株式会社：2000〜2600万円
・Nアセット：1980〜2180万円

最低値は1700万円、アッパーは2600万円、約1.5倍の開きです。価格帯が小さいため、開きは900万円ですが、価格帯のケタが1つ上がれば、その差は9000万円もあるわけです。

Mトラストのところに「※提案」とあるのは、「固いラインの査定額としては下限1700万円だけど、可能性はゼロではないから2490万円で出してみるのもいいんじゃないか」という業者側の保険です。いくらで売れるかという確定的なことは言えないため、幅を持たせての回答となります。

③媒介契約の締結（販売の依頼の契約）

査定・提案を受けた後、売れるであろう上限・下限・希望価格が固まってくれば、次は「媒介契約」（販売活動の依頼をする契約）です。

媒介契約については、3種類「一般媒介契約」「専任契約」「専属専任契約」があります。最大の違いは、「一般」と名が付くものは、売主から複数の不動産業者に同時に販売活動を依頼することができ、「専任」と名前が付くものは、売主からの窓口となる不動産業者が1社に絞られる点です（なお、「専任」と「専属専任」で大きく違うのは、「自己発見取引」の可否。友人や親族が買う等、買主を売主自身が見つけた時に、仲介業者抜きの契約ができるのが専任。売主が見つけた買主でも、あくまで仲介業者を通して・仲介手数料を支払って、契約となるのが専属専任です）。

「専任」と名前が付くものについては、売主や不動産オーナーから見ると、良くも悪くも情報の出入口が1社に絞られるため、連絡の煩雑《はんざつ》さが少なく、楽になります。その窓口となる1社から、情報が拡散されていくイメージです。反面、任せた不動産業者が、両手（売主・買主両方からの仲介手数料を得られる）契約を狙って、情報を囲い込んだり、不動産投資の知識や集客力が弱かったりしても、客観的な判断が難しいという問題もあります。

ただ、不動産業者としては、「専任」での媒介契約を取得できると、自社での成約ができれば両手契約、他社の仲介業者が顧客を付けてくれたとしても最低限片手（売主からの仲介手数料）分が見込めるため、なんとかして押さえたいところ。

一方、「一般」媒介契約においては、売主自身が窓口となって、複数の不動産業者に販売活動を依頼できます。仲介手数料は、あくまで成功報酬ですので、何社に依頼しようと、成約した1社に支払えばＯＫです。任せた不動産業者の中に積極的に動いてくれないところがあっても、その業者のお金にならないだけです。

ただし、不動産業者によって、アドバイスの内容がまったく違ったり、複数の業者との連絡が煩雑になったりするため、情報の取捨選択ができるように、売主としては、知識面・立ち振る舞いには気を付ける必要があります。

「連絡は面倒だし、素人だから1人のプロにお願いしたい」と専任や専属専任媒介契約で売却の窓口を固定して、やる気を出させてあげるのも一手ですが、「売主側の物元業者」として有利な立場に胡坐《あぐら》をかいて、積極的な販売活動に動かないケースもあるため、一長一短ではあります。

私がオススメしたいのは「一般媒介契約」で複数の不動産業者に動いてもらうやり方です。せっかく「自らコントロールできる」不動産投資ですし、各不動産業者に販売進捗の確認や融資の動向などでコンスタントに連絡を取ることで、複数の不動産業者との人間関係が深まっていきます。売却の話から、次に購入する物件の情報取得につながることがあるかもしれません。

④仲介業者による販売活動

いざ媒介契約が成立すると、不動産業者間での水面下での情報のやり取り、公のレインズへの公開や、一般個人・投資家向けのＷｅｂサイト（楽待他）等への掲載など、販売活動・情報公開が始まっていきます。投資用物件の売主の立場として、お勧めなスタンスは「適度にマメな報告を求めつつも、詰め過ぎない」ことです。

「進捗どうですか？」
「売れました？」
「案内入りましたか？」

気になるのは分かります、ものすごく分かります。しかしながら、急かされたところで「売れないものは売れない」のです。毎日や2、3日に一回電話・メールで進捗を問われたところで、売れない物件に、そう頻繁な変化は起きません。

不動産の売買仲介業者としては、すぐに仲介手数料になりやすい物件、要は「売りやすい物件」が一番ありがたい物件です。立地が良い、日当たりが良い、角地、角部屋である等々、売り文句は色々ありますが、特に投資用の収益物件において、最大のアピールポイントが「利回り（価格）」であることは言わずもがなでしょう。

売却によるキャッシュフローを目指した投資として「高く売ろう」とすれば、利回りは下がるので、やりすぎると「売りにくい物件」になっていきます。

売主としては、「箸にも棒にも掛からぬ」という販売価格に設定した時点で自分のミスです。「万人には受けないけれども、あの金融機関の、あの融資商品を活用できる人、自己資金がこれくらいの人であれば、琴線《きんせん》に触れる物件だ」という具合に、買い手の融資・属性をイメージできるような価格帯に仕上げて販売する必要があります。

⑤買主が見つかって、買付が入る

無事に買主候補から手が挙がり、購入の申込み（買付）が入ったとします。あとはその買付けを元に売買契約に向けてのすり合わせを行います。
詰める項目としては次のようなものがあります。

・契約日時
・契約場所
・決済の期限
・売買金額
・手付金の額
・測量の有無
・瑕疵担保責任の有無
・融資特約の有無
・融資特約と手付解除の期限

その他、細かい部分としては契約書に貼付する印紙代の負担区分や契約書の枚数（売主・買主各々が原本を持つ2通作成か、一方を写しとする1通作成か）などの要素です。

買付けが複数同時に入るようなことがあった場合には、より資金面が手堅い買主、より高い金額、より売主の手間が掛からない条件等、自分のポジションに有利な内容の買手を選択することもできます。

契約までの期間があまりに長いと、買い手の心変わりが心配ですし、融資の見通しがまったくない時点で、先行して契約しても解除となってしまっては意味がありません。売買金額に対して、あまりにも手付金が少なければ、買い手は簡単に放棄して手付解除することもできます。

土地のついてくる一棟物件の場合、不動産取引のセオリーとして、測量は本来売主が実施するべき項目です。ただし、費用（数万～数十万等）が掛かる場合があるため、「不要」と言ってくれる買主のほうが、売主としては嬉しいです。

また、築年数が経過した建物、それも自分ではなく賃借人が住んでいる住宅について不具合があった際に売主に訴求されるのも辛いものがあります。その瑕疵の責任を「免責で構わない」と言ってくれる買主のほうが楽です。

「融資特約『有り』」の場合、買主の融資が万一否決されてしまえば、その契約行為自体が解除となるため、売主としては、融資特約「無し」のほうがより確定的となります。

⑥売買契約の締結をする

買付けを入れてくれた人との条件交渉が進めば、あとは売買契約です。

当日の売主の作業としては主に契約書類等への記名・押印と手付金の受領です。

昨今、刻々と投資用収益不動産への融資が厳しくなっているため、先程の融資特約付きの売買契約の場合、その特約期日まで気が抜けません。

⑦決済・引渡し

買主のローン解除などもなく無事に進めば、最後の決済・引き渡しです。決済の日取りが近づいた時点で、管理の引き継ぎや、固都税や賃料の清算方法などを詰めていきます。当日は、それらの清算書を元に領収書のやり取りを行う形です。

司法書士に権利証と本人確認資料（写し）を渡して、移転関係の書類に記名・押印し、買主の融資の実行・振込・着金を待ちます。残代金の授受が確認出来次第、領収証を渡して完了となります。

流れとしてはこういった形で進みますが、実際のところ、買手がいつ見つかるか、希望通りの買付けが入るかは「運」の要素も大きいため、すべてがスムーズに進むとは限りません（逆にあまりに買付けが殺到してスムーズに進みすぎる時には、設定した金額が安すぎたのかもしれません）。

媒介契約の有効期間は３ヶ月のため、その区切りの時点で買付けが入らない、検討顧客の土台に乗ってこないのであれば、価格の変更や媒介業者の変更など、動きを変えていくのも一手です。

４・保有物件はどこまで増やしていくべきか？

「１億円の資産が欲しい」「10億円の資産があれば安泰だ」などなど、人によって求める資産規模は異なってきますが、この数字自体に正解はありません。

実際、私がお会いしたことのある中には、40億、90億、１００億という規模のメガ大家・ギガ大家などと呼ばれる人たちがいます。その中には、総資産４００億円（借入残高２００億円・純資産２００億円）という方もいました。

ただ、皆が皆、数十億・数百億を目指すべきかと言えば、決してそんなことはなく、「『目的』に沿った目標」をクリアしていくのが正解と言えます。

資産規模・物件の棟数（戸数）・家賃収入額・毎月のキャッシュフロー○○万円、これらは分かりやすい目標ですが、まず確認するべきは不動産投資をする「目的」です。

「投資なのだから目的はお金！」というのは間違いではありません。しかしながら、ここで掴むべき「目的」はそこではなく「なぜお金が欲しいのか」という、もう一歩踏み込んだ内容です。

「何を目的として不動産投資に臨むのか」を明確にしておかないと、世の中に氾濫する投資話に踊らされることになります。「そんなことは収益を生むいい物件を手に入れるために関係ないじゃないか」と思われるのであれば、あらゆる投資は一旦ストップしたほうがいいかもしれません。何事にも目指すべきゴールの設定は必要です。

では、具体的にはどのようにイメージを設定すればよいでしょうか。「日本の住宅事情をよくするために、安くてデザイン性のよい、住環境良好で先進的な住宅を提供したい」などといった高尚な目的じゃなくて構いません。よくある例を挙げてみましょう。

あなたは今年40歳になるサラリーマンだとします。今の会社に特別な不満はないが、業界自体に漠然とした不安がある。もし、職を失った時にも生活できるような収入源が欲しい。

これが「目的」であり「動機」です。

それでは「安心できる」には、毎月どれぐらいの収入があればいいのでしょうか。

住宅ローンの支払い、食費、電気・ガス・水道等の光熱費、子供の教育費用、通信費、今の給与と同額まではいかなくても「毎月20万円」ぐらいは欲しい。

これが数値的な目標となります。目的に沿って目標を設置し、段階を踏んでクリアしていく、あらゆるビジネスの基本です。

さて次に、決めるべきは、ゴールを決める際の「いつまでに」という部分です。その目標を達成したい、収入を生み出したい、その「時期」はいつでしょうか。

生活のため、今すぐ収入に上乗せできるような収入源を欲しますか、それとも、将来の不安から「自分年金」を作りたいのでしょうか。大まかでも結構です。ぜひイメージしてみてください。

なぜこれが重要なのか。それは、逆算することで、目標に至るまで、一体どれぐらいの投資用不動産が必要なのか、それが現実的なのか、見えてくるからです。そこへ到達するための、買う順番や狙うべき物件、融資の組み立て方へと繋がっていきます。

目的によって、目標も異なります。お小遣い程度、毎月数万円がプラスになるような投資を目指すのであれば、中古の区分マンションを複数買い進めることでも実現できますし、不動産投資だけで食べていく、専業大家を目指すのであれば、大きな一棟マンションやアパートを複数棟絡めていく必要があるでしょう。

また、毛色の違うところで、不動産については、相続税計算の元となる評価額と、実際の取引価格との乖離《かいり》を活用した、相続税対策・親の資産を守るという目的の方も少なくありません。

ちなみに、私を突き動かしているのは、将来の不安です。私は一人っ子で、遅く生まれた子供のため、両親はもう70歳を超えています。両親の両親（私の祖父・祖母）とも既に他界しており、後ろ盾となるような事業もなければ、帰省する田舎もありません。

次第に延びていく年金の給付開始時期、自分自身の老後はとても安泰といえる状態ではありません。これで親の介護などが発生した際には、首が回らなくなるのは目に見えています。本業の仕事に全力を注ぐのはもちろんですが、自分が倒れたらどうなるのでしょうか。

この不安を払拭するためには、他の収入源を確保して安心を得たい、いざという時のために使える資金が欲しい。「日本一の大家さんになりたい」といった大きな夢ではなくて恐縮ですが、ここが私の源泉でした。

人によって、目的は何だって構わないのです。

家族の幸せ、老後不安の解消、サラリーマンからの早期リタイア等々、「いつまでにどうなりたいのか」「なぜリスクを取って不動産投資に臨むのか」、根幹の理由を入口で明確にしておくことで、その後の投資スタイルに芯ができます。

いざ、不動産投資をスタートし、「買う」「持つ」「売る」が回り出すと、はじめに立てた目標は意外と簡単にクリアできてしまうかもしれません。

「1億円の資産」というと、大きく聞こえますが、「5000万円のアパート2棟」や、「2000万円のアパート5棟」でも達成できてしまいます。また、その利回りが8％であれば、家賃収入の年額は800万円。もちろん返済や運営費もあるので、そのままキャッシュフローとはなりませんが、表面的な数字の上では、簡単に増えていきます。

最初に設定した目標（キャッシュフローや資産額）が達成できたら、ひとまずはＯＫ。その時には、また上を目指したくなっているかもしれませんし、築いた資産を強固にしていく方針になっているかもしれません。

一定の規模まで資産を拡大できたとして、さらに上を目指すのであれば、よりリスクを取って高利回り案件を狙うこともできますし、軍用地投資や都心部の一棟ＲＣビルやレジデンス等、リターンは低くてもより低リスクの投資で資産を固める動きもアリです。

まずは「目的」を確認してから「目標」設定をしましょう。

5・プロが考えるオリンピック後の動向

先日、『週刊ダイヤモンド』の座談会に参加してきたのですが、その席にいたのは、総資産で10億~100億超という方々でした。彼らをプロ大家と呼ばずに誰をプロと呼ぶのかという面子《めんつ》です。そしてその場で記者の方から「東京オリンピックの不動産投資への影響は?」という質問がありました。

この時の満場一致の回答は「分からない」でした。

しかし、これで終わってしまってはあんまりなので、私なりに若干の推測をしてみることにします。

東京オリンピック開催後、ダイレクトに影響を受けそうなのは、湾岸エリアの区分マンションです。というのも、選手村がそのまま分譲マンションとして供給されるという話があります。これが予定通りいくと、供給>需要となるため、本来は価格が下落するのがセオリー。

ただ、ここの「需要」は必ずしも住むためだけではなく、投資用という見立てになる場合もあります。東京オリンピックで世界の目が向いて「まだ海外の主要都市よりは割安かも」と買いが殺到すると、上がることもあるかもしれません。

東京圏における賃貸需要自体は、オリンピック前後でそこまで変わらないことが予想されます。「オリンピックがあるからと引っ越すか？」という部分です。大会関係者・工事関係者の移動はあるかもしれませんが「皆が東京に移住する」逆に「出ていく」とは考えにくいです。

元々の賃貸需要が他のエリアよりも高いため、オリンピック関連で入居した人が退去したところで、別の賃借人を探すことに苦労することはないでしょう。

それでは、売買需要はどうなるか。

実需（自分が住むため）物件については、先程の賃貸需要と同様です。「オリンピックを理由に東京に買って住むのか」と考えれば、それで家を決める人が多いとは思えません。

ただ、オリンピックの開催に際してホテル業が潤うことは、誰しもが想像しやすいところ。開催が決まってから、商業地、特にホテル用地は確実に値上がりしました。必ずしもオリンピック原因での上昇とは言えませんが、現在では高騰もピーク感があるため、オリンピック後のタイミングで上がりすぎたものが適正値に落ち着くように調整が入る可能性はあります。

東京オリンピックが一大イベントであることは間違いありませんが、その大会があるから不動産価格が上昇する、終わったら下落するという単純なものではありません。

インフラの改善によって、利便性が向上するようなエリアについては、イベントが終わってもその恩恵は継続するので、地域要因としてオリンピックで足場を固めて更に上昇する場所もあるでしょう。

ただ、日本全体で見れば、既存の賃貸物件の稼働状況が急激に変動したり、売買金額が高騰・下落したりするなど、極端な賃料・利回りの上下は少ないことが想像されます。

不動産投資に注力する人が見るべき、感じるべきは世の中の「お金の回り方」です。つまるところ、その時点における金融機関の融資姿勢によって、不動産投資のマーケット相場は大きく左右されます。

本書を執筆している2018年11月現在、スルガ銀行の不正融資・顧客定期解約からの不正流用・反社会的勢力への融資等の疑惑や東日本銀行の不正融資等、投資用不動産界隈での金融機関の不正な取り組みが頻出し、融資が全般的に絞られています。

それに伴い、特に地方・郊外の中古の一棟アパート・一棟マンションの投資用不動産を筆頭に物件価格は下落（利回りは上昇）を始めた傾向です。

本来であればまだ日銀の「大胆な金融政策」は継続され、「カネ余り」な現状から、マネーは行き先を探しているはずなのですが、蛇口となる金融機関が不正を理由に締まってしまっては、お金が回ってこないのです。

オリンピック後に景気が上向いて金融機関の投資用不動産への融資姿勢も正常化し、積極的になれば、不動産の売買価格は上昇し、利回りは下がるでしょう。逆に融資が締まって出にくくなると、不動産価格は下落して、利回りは上がります。

不動産価格が下落してきた際は「買い時」に見えるものの、購入するには、融資が組みにくいというジレンマ。こういう時に「現金を持った人」が優良物件を取得できる市場が出来上がります。

短期で利益を出さなければならない不動産業者・建売業者などは、この景気の波で「本来売れるはずのものが売れなくなる」ことで駆逐されることもあります。

ただ、長期での融資という時間軸を味方につけることができる個人投資家はマーケットが下振れしても「保有して耐える」ことができます。本書を参考に「上がっても下がっても利益を出せる」、このような買い方をするべきです。

6・私の不動産投資の履歴と現状

私の賃貸経営、不動産投資の履歴と現状は次のとおりです。

2013年9月
1棟目　東京都八王子市にて中古木造一棟アパートを購入
価格：約1400万円
融資：地銀T
自己資金：約500万円
購入時満室想定利回り：13％
⇓リノベーション実施
購入後満室想定利回り：19・29％

2014年8月
2棟目　埼玉県入間郡三芳町にて中古木造一棟アパートを購入

価格：約１１００万円
融資：地銀Ｍ
自己資金：約１５０万円
購入時満室想定利回り：14％
⇓リノベーション実施
購入後満室想定利回り：22・36％

２０１４年10月
１棟目の八王子アパートを約２４００万円（満室想定利回り10・67％）で売却

２０１５年11月
３棟目　東京都府中市にて中古木造一棟アパートを購入
価格：約３５００万円
融資：地銀Ｔ
自己資金：約６００万円
購入時満室想定利回り：10％

⇓リノベーション実施
購入後満室想定利回り：16・73％

2017年7月
4棟目　埼玉県朝霞市にて中古木造一棟アパートを購入
価格：約1450万円
融資：地銀M
自己資金：約500万円
購入時満室想定利回り：19％
⇓リノベーション後
購入後満室想定利回り：25・32％

2017年11月
5棟目　名古屋市中川区にて中古鉄骨造一棟マンションを購入
6棟目　名古屋市中川区にて中古RC造一棟マンションを購入
（2棟一括）

価格：約３６００万円
融資：ノンバンク
自己資金：約５６０万円
購入時満室想定利回り：27・57％（ただし現況だと10％）

２０１８年7月
５棟目＆６棟目のセットを約６０００万円（満室想定利回り16・54％）で売却

私が実践しているのは、インカムゲインを得ながら売却を交えて規模を拡大していくコアプラス型の王道な不動産投資です。ボロ木造アパートの割合が多いため、その分金額交渉等で高利回りでの取得をしています。また、購入後に室内のリノベーションを実施することで、相場賃料のアップーを目指す動きをします。

ただ、直近で、取得から比較的短期で売却をした「5棟目＆6棟目」の名古屋市内の2棟一括マンションについては、キャピタルゲインを狙いに行った案件で、こちらはリノベーション等を一切行っていません。

これも不動産投資の1つの形として、収支を開示してみます。

購入

・取得金額：3600万円
・印紙代：1万円
・仲介手数料：123万円
・固都税負担：25万円
・登記費用：173万円
・取得税：180万円
・ローン事務手数料：60万円
　合計：4162万円

運用中収支（期間約8ヶ月）

・稼働：後半14戸中3戸
・月額）賃料：19万円
・月額）返済：▲17万円
・月額）運営費：▲2万円

合計：ほぼ「０」←運用中のＣＦ総額

売却

・売却価格：６０００万円
・固都税清算：48万円
・印紙代：▲５万円（領収証含）
・返済手数料：▲72万円
※価格交渉に応じたため、販売時仲介手数料なし
合計：５９７１万円

融資組立

借入：３６００万円（本体分フルローン）
自己資金：５６０万円（諸費用：取得税含む）

最終収支

売却時売上：５９７１万円

運営中収支：０円
購入時総額：４１６２万円
最終収支：１８０９万円
ＣＣＲ：３２３％（Cash on Cash Return）

結果だけ見れば「すごく儲かる案件」で「こんなにいい物件なら誰でも簡単じゃないか」と思われるかもしれないですが、運営中収支を見てください。あれほど大事と言われる保有中のＣＦがほとんど出ないという、それなりにリスクのある案件です。決して万人向けではありません。

実際、この案件は私の本業の勤務先で仕入をするかどうか協議には上がったものの「買わない」と否決されたものです。

会社で使う予定の融資を引っ張ることができず、次のような流れになりました。


（上席）「違反建築だし旧耐震の建物も混ざっているし、融資出ないなら買いたくない。やるなら買っていいよ」

（関田）「…………買います」

この物件の良いところは、土地が広く、「路線価ベースだけで約８０００万円の評価が出てしまう」尖《とが》り方。

反面、リスクとしては「違反建築」「旧耐震（２棟のうち１棟は新耐震）」に加えて次のようなものがありました。

・１棟（古い方）が丸々空いている
・修繕をフルにやると２０００万円前後かかる
・結構な駅距離

同時期に他にも気になる物件があったため、自分で購入せずに他の人に譲るのもいいかと思い、複数名（お客様や社内の営業担当者）にもヒアリングしたものの、

同僚「評価が出るのはいいけど怖い」
他業者「安くは感じるけど、本当に出口が取れるのか分からなくて怖い」
お客様「修繕の金額が重たそうだから怖い」

こんな回答ばかり。「あんな物件を買うのは変わり者だ」というネガティブ意見に流されそうになりながらも、この物件のポジティブ要素を改めて検討してみました。

・土地評価の下支えがあって、お金をかけて修繕しても、充分にキャッシュマシーンとして稼働するポテンシャルがある
・気長に追い出しに動いて土地値の売却もアリ
・違反建築状態も、数年後に控えた区画整理で改善の余地あり

そして、やっぱり割安感があります。

最悪全空でもしばらくは返済に耐えられると自分に言い聞かせて、リスクを取った結果がCCR300％超です。

1年ほど気長に販売活動をしてみて、積算重視で買いに来てくれる人がいたらヨシ。

売れなかったら自己資金を入れるか、融資を引いてバッチリ修繕してしばらく保有してから売ってもヨシ。

修繕をするまでの間は、ほとんどお金を産まないか、さらなる退去があるとCFはマイナスになるリスクはあるものの、他の物件からの賃料収入を充てれば耐えることはできる。

こんなふうにベスト・ミドル・ワーストのシナリオを描いて「えいやっ！」と行きました。なお、最終的に「超高く（低い利回りで）売り抜けることができた」というわけではなく、大きめの修繕費用が掛かるとは言え、私の「売却時の満室想定表面利回りで16％」くらいです。それでも路線価より下の金額ですから、私から購入していただいた買主様から見ても決して悪くない掘り出し物ではあったと思います。

儲かりそうな物件が、いざ目の前にきても、取りにいけるかどうかの決断は自分自身でするしかありません。

「銀行の融資が付くから」とか「業者のサブリースが付くから」とか、他の人に提示された材料だけではなく、自分が納得できる材料集めと、そこからの判断の組み立て方ができるように慣れておくのが不動産投資のプロ技です。

おわりに

本書を最後までお読みいただき、誠にありがとうございます。私の3年ぶり、3冊目となる不動産業界における書籍です。

２００５年に同業界に新卒で入り、目の前の仕事に邁進してきました。２００８年のリーマン・ショックで今まで勢いのあった取引先の不動産会社がバタバタと倒れ、日々帝国データバンクの倒産情報を眺めていたことが懐かしくもあります。

そこから約10年、金融市場の金余りの受け皿として隆盛を極めつつあったマーケットは、実需の新築マンションの高騰、投資用収益物件の利回りの低下、ともに顕著なレベルに乗りかかっていました。それが、ここにきて金融機関の一棟収益不動産への融資情勢がキュッっと締まり、暗雲立ち込める踊り場的な雰囲気を感じる今日このごろです。

私は普段から不動産投資で勝つための「王道の大原則」のノウハウを、セミナーやブログ・Twitterを通じて発信し続けています。金融機関の評価方法や、売買マーケットの変動はあれども、「ババを引かないため」に押さえるべき基準や、空室対策等の根幹は変わりません。正攻法の不動産投資に努めていけば、道は開けます。

本書は、すでに大成されているプロの方が読むと、当たり前にやっている確認事項ばかりと映るかもしれません。しかしながら1つでもご自身の、または不動産業者の方であれば抱えているお客様の不動産投資のヒントを見つけていただけましたら幸甚です。

「アドバイスが欲しい」「セミナーをやって欲しい」このような形で、直接ご相談されたい場合には、ブログやTwitterで情報発信をしておりますので、こちらからアプローチください。

アメブロ：「ぼくと不動産」
URL http://ameblo.jp/takashisekita/

Twitter　　@takashi_sekita
URL http://twitter.com/takashi_sekita

Facebookページ　関田タカシ
URL http://www.facebook.com/takashisekita

Line@　関田タカシ

アカウント：@kcc2369y

読者の皆様におかれましては、不動産投資を豊かな人生を送るための1つのツールとして最大限活用していただけましたら幸いです。

本書をご購入いただきました感謝の気持ち、特典といたしまして、メルマガ登録頂いた方に【関田タカシが30分で作った超簡易シミュレーター】（Excel版）をプレゼント致します。Reifaの足元にも及ばない簡素なものではありますが、「結局、この物件儲かりそうなの？」という把握が簡単にできるものです。

登録・ダウンロードはこちら【http://sekitatakashi.com/】より。

なお、本特典はいつまで続けられるか分かりません。「欲しい」と思ったらスピード重視です。

２０１８年11月　関田タカシ

【出典・参考等】

(Reifa) http://www.reifa.jp/
(Reifa　不動産投資用語) http://www.reifa.jp/indicators
『２００万円から６年で20億円　売却から逆算思考する不動産投資』（岡田のぶゆき／ぱる出版）
『中古一棟収益物件攻略完全バイブル』（長渕淳／幻冬舎）
玉川陽介氏のＷｅｂサイト：http://cpx.co.jp/articles/024/
どエンド君 Twitter：https://twitter.com/mikumo_hk

著者略歴
関田タカシ（せきた・たかし）
学生時代に『金持ち父さん　貧乏父さん』（ロバート・キヨサキ／筑摩書房）に出会い、不動産投資に携わるきっかけとなる。キャッシュフローゲーム（ロバート・キヨサキ考案のゲーム）への参加、在学中の法人設立などに挑戦。
大学卒業後、大手の不動産仲介業者にて不動産売買仲介の経験を積む。売買仲介営業の実務については、『現役営業マンが明かす 不動産屋のぶっちゃけ話』として 2012 年に彩図社より出版。その後、転職を経て「投資用不動産」に集中できる、収益不動産専門の売買仲介業に従事。ヘッドハンティングされ、現在では、国内外年間約 200 億円の収益不動産を扱う投資用不動産専門業者の売買営業担当に至る。
貯めていた自己資金と不動産投資の知識を活用し、2013 年から自身でも本格的に不動産投資に参入。不動産業界に入って約 14 年、現在 36 歳。今までにアパート 6 棟を取得。3 棟を売却し、賃料収入と売却益の両方を得ることに成功。
前著『現役不動産仲介営業マンがこっそり教える最強の初心者向け不動産投資』の刊行より 3 年、「不動産投資家」と「不動産業者」両面を知るプロとして、物件情報の収集・精査のより具体的なノウハウをまとめ、本書を執筆。

超実践　不動産投資のプロ技

2018 年 12 月 19 日　第一刷
2022 年 6 月 14 日　第二刷

著　者　　関田タカシ

発行人　　山田有司

発行所　　株式会社　彩図社
東京都豊島区南大塚 3-24-4
MTビル　〒 170-0005
TEL：03-5985-8213　FAX：03-5985-8224

印刷所　　シナノ印刷株式会社

URL：http://www.saiz.co.jp
https://twitter.com/saiz_sha

ISBN978-4-8013-0324-9 C0033
落丁・乱丁本は小社宛にお送りください。送料小社負担にて、お取り替えいたします。
定価はカバーに表示してあります。